走进广州好教育丛书·好校长系列

ZOUJIN GUANGZHOU HAOJIAOYU CONGSHU
HAOXIAOZHANG XILIE

胡展航◇著

教育因智慧而丰盈

北京师范大学出版集团
BEIJING NORMAL UNIVERSITY PUBLISHING GROUP
北京师范大学出版社

图书在版编目(CIP)数据

教育因智慧而丰盈 / 胡展航著. —北京：北京师范大学出版社，2021.6(2022.4 重印)
(走进广州好教育丛书. 好校长系列)
ISBN 978-7-303-26820-7

Ⅰ. ①教… Ⅱ. ①胡… Ⅲ. ①中学—校长—学校管理—研究 Ⅳ. ①G637.1

中国版本图书馆 CIP 数据核字(2021)第 024283 号

营销中心电话 010-58802135 58802786
北师大出版社教师教育分社微信公众号 京师教师教育

JIAOYU YIN ZHIHUI ER FENGYING
出版发行：北京师范大学出版社 www.bnupg.com
北京市西城区新街口外大街 12-3 号
邮政编码：100088
印 刷：北京虎彩文化传播有限公司
经 销：全国新华书店
开 本：710 mm×1000 mm 1/16
印 张：15.25
字 数：211 千字
版 次：2021 年 6 月第 1 版
印 次：2022 年 4 月第 2 次印刷
定 价：56.00 元

策划编辑：郭 翔 冯谦益 责任编辑：吴纯燕
美术编辑：焦 丽 装帧设计：焦 丽
责任校对：包冀萌 责任印制：马 洁

丛书编委会

学术指导：顾明远
总 策 划：屈哨兵
总 主 编：吴颖民
编　　委：（按姓氏笔画排序）
丁邦友　王　红　朱华伟　肖建彬　吴　强
吴惟粤　吴颖民　姚继业　唐宏武　漆国生
执行主编：唐宏武　丁邦友

好校长系列编委会

主　　编：王　红
副 主 编：（按姓氏笔画排序）
王清平　谢光灵
编　　委：（按姓氏笔画排序）
左　璜　刘志华　宋春燕　郑海燕　徐向阳
黄牧航　黄道鸣　童宏保　童汝根　雷丽珍
戴健林

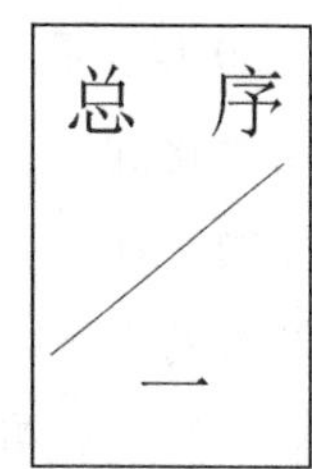

《国家中长期教育改革和发展规划纲要(2010－2020年)》提出："办好每一所学校，教好每一个学生。"近年来，各地涌现了一批好学校、好校长、好教师。总结和推广他们的经验，是推动我国教育改革和发展，提高教育质量，促进教育现代化的强大动力。广州市是我国改革开放的前沿，不仅有着深厚的文化积淀，而且在改革开放中敢为天下先，在教育领域积累了许多新经验。广州市教育局在《广州市教育事业发展第十二个五年规划》文件"办好让人民满意的教育"的要求下，决定组织编写"走进广州好教育丛书"，实在是适逢其时。这是对广州市多年来教育改革创新的一次总结，也是对广州市今后教育改革的一次推动。

根据编委会的设计方案，丛书拟从广州市1000多所中小学校、10多万名教师中选出10所"好学校"、10名"好校长"、10名"好教师"列入首批出版计划。他们有的是已有100多年建校历史，积淀了深厚文化内涵，至今仍然在不断创新中继续勃发着育人风采的老学校；有的是办学时间不长，但在全校教职工磨砺创业、共同耕耘下办出水平的新学校。他们有的是办学理念先进、充满活力、管理经验丰富的好校长；有的是师德高尚、业务精湛、热爱学生的好教师。总之，他们热爱教育事业、热爱每一个学生，创造了卓越的成绩，是好学校、好校长、好教师队伍中的典范。

当前，我国教育正处在由数量发展转向质量提高的转折点上。到2020年，我国要基本实现教育现代化。教育现代化的实质就是要培养现代化的人。教育要回到原点，立德树人，培养具有为国家、为人民服务的责任心，具有创新精神和实践能力，并且具有国际视野和国际交往能力的人才。教育大计，教师为本。我们的校长和教师要立足中国，放眼世界，转变教育观念，改变人才培养方式，推动教育现代化的进程。

我希望广州市在编写“走进广州好教育丛书”的过程中继续挖掘先进人物和新鲜经验，率先实现教育现代化。

2016年7月

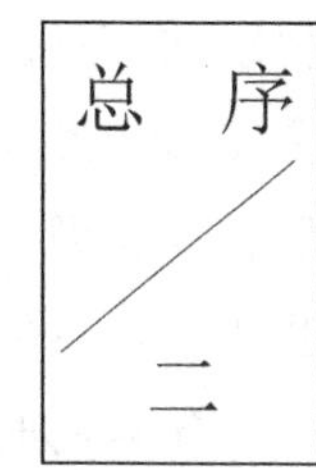

总序二

2014年的教师节前夕，我写了一篇《广州教育赋》，后来这篇文章在《中国教育报》上刊登了。在这篇赋中我有这么几句话："大信不约，好校长何止十百；大爱无疆，好老师何止百千；大成不反，好学生何止千万；大道不违，好学校就在此间。"中心意思是说，广州好教育是由成百上千的好校长、好教师、好学生和好学校共同铸成的。正是他们的大信大爱和大成大道，广州作为国家重要中心城市之一，在教育，尤其是基础教育方面，才能卓有建树，我们也才有可能推出一套"走进广州好教育丛书"。

在这篇序言中我想表达三个朴实的想法。

第一个朴实的想法是，一座城市的教育发展单靠一两所名校，几位名师、名校长是支撑不起来的。能够为这座城市源源不绝地提供人才智力资源的应该是那么一大群校长、一大批教师和一大拨学校。他们形成一个个各具怀抱的优秀群落，为这座城市辈代不绝地做着贡献，那我们就要为这一个个优秀群落树碑立传。对于广州这样有着将近1500所中小学的特大型城市而言，我们特别有理由这样做。正是大信不约(《礼记·学记》)——真正的信义不需要盟约，他们才会在每一所学校不断坚守；正是大爱无疆——博大的仁爱无边无际，他们才会为每一个学生殚精竭虑；正是大道不违(原为"大道无违"，《晋书·嵇康传》)——不违背教育的使命与历史发展的规律，他们才会为每一个进步中的时代进行着生动的背书。有了他们，才会有一座城市的教育；有了他们，才会有一座城市的发展。有人要问，这套“走进广州好教育丛书”出齐会有多少册？老实说，我也不能确定。这第一批推出的30册只是一个开始，但我相信，只要这座城市在发展，属于这座城市的教育大赋就一定不会有画上句号的时候，它一定会以这样或那样的形式展现出来。

第二个朴实的想法是，对于基层教育工作者来说，我们真正需要掌握的教育规律和教育法宝就那么几条，如果我们钻进教育思潮的各种主义与模式的迷宫中不得而出，那就容易忘记教育最基本的追求。几年前，广州一个区的教育论坛请来了顾明远先生，顾先生在论坛上说：“没有爱就没有教育，没有兴趣就没有学习。”我们深以为然。教育理论当然有很多，都值得我们认真学习，其他不讲，仅“因材施教”和“有教无类”两条，在我们的教育实践中是否做到了？我相信，如果我们做到了，那我们就有可能进入好教师、好校长、好学校的序列。所以，在这套丛书中，我们特别看重的是重返教育现场，讲好教育故事，今往兼顾。丛书所列既有杏坛前辈，也有讲台新秀；既有百年老校，也有后起名品；各好其好，好好共生。早在100多年前，广州教育就已经在现代化进程中开风气之先。比如说鼎鼎有名的万木草堂，20世纪20年代开辟新学堂；再比如说最早在广州推行开来的六三学制。在当下的教育大格局中，广州教育自然也不能落后，要有广州的好教育。

第三个朴实的想法是，好教育需要有一个好的教育生态。习近平总书记说：“我们的人民热爱生活，期盼有更好的教育。”我们要努力办好让人民满意的教育，那这个教育上的“好”应该体现在哪些方面？除了上面提到的好学生、好教师、好校长、好学校之外，好的教育生态应该是一个必不可少的要素，这其中的一个重要标志就是能够形成尽可能多的教育共识。我们组织编写这套“走进广州好教育丛书”，一个目的就是通过展示我们的教育实践来推动形成更多的教育共识：原来在我们这座城市，在我们身边，就有这些好的教育，值得我们称赞，值得我们珍惜。

我们的教育要全面上水平、走前列，这行进过程中积累起来的好教育基础就是我们不断奋力前行的保证。

最后，作为这套丛书的策划者，我要特别感谢北京师范大学出版社，我仍记得三年前，时任北京师范大学副校长的杨耕同志领着北京师范大学出版社的朋友们和我们讨论这套丛书编写出版规划时的热烈情景；我要特别代表广州市教育局感谢顾明远先生为本套丛书作序；还要感谢总主编吴颖民先生以及华南师范大学、广东第二师范学院、广州大学的分册编委的专家团队，正是有他们的认真组织和每一位分册作者的孜孜以求，这套丛书才得以和各位读者见面。

屈哨兵

2016 年 7 月

前言

佩索阿说："写下即是永恒。"于我而言，写下来，真的不敢奢望永恒，只不过是把自己教育生涯中的点滴感悟与思考汇聚成篇，以资教育同人参考。一种办学思想和理念的确立，到办学路径的成型，到教育成果的显现，最后凝练成丰富的教育智慧，往往要经历艰苦而漫长的过程，尽管这一过程几经周折。从潮阳一中，到广东第二师范学院番禺附属中学，再到广东番禺中学，一路走来，整整26个年头，回首来路，很想把所看见和感受到的、所喜欢和理解的记录下来，爬罗剔抉，形成脉络，因为那是你"正穿越的风景"。

做有思想的校长，办有灵魂的学校，是我一贯致力追求的目标。灵魂就是办学理念和办学思想，这种理念生成于你对教育哲学的选择，你对教育的本质与价值的理解。既然学生的教育至高无上，那么办学当然要着力关注学生的智力成长、社会适应和未来发展，探究每个学生特有的价值和创造特性，真正把教育当成一门研究"人"之哲学。我认为，只有走进学生心灵的教育才是真教育，要把"立德树人"当成教育的首要目标和根本任务，培养具有兼善天下的胸襟气度，富有爱国情怀、文化底蕴、国际视野、科学精神和探究意识，又能适应未来发展的创新型人才。这项工作光荣而艰巨，它具有从"0"到"1"的创生性和无限性，当然也有从"1"到"0"的反复性和曲折性，知行合一是办学理念实现的必由之路。正是基于这种认识，我在办学中始终把德育文化品牌打造、课堂教学改革和现代学校制度建设放在首位，以此为依托去践行我所理解的教育哲学。

“方”为做人之本，“圆”乃处事之道。很多人坚守着方直立身、圆融做人、圆中见方、求方顺圆的做人、处世技巧。同样，有分寸地把握学校制度建设中刚度与柔性、灵活与原则、传统与创新、制度与感情等的辩证关系也很重要。一所学校设计一个好的办学理念固然重要，但如果没有现代学校制度建设作为保证，办学的目标和培养目标同样很难深度达成。多年来，我坚持不懈地加强现代学校制度建设，可以说从中获益良多。广东第二师范学院番禺附属中学，2010 年我接手时还是一所有名的薄弱学校，短短的几年就跃升为广东省国家级示范性普通高中，高考成绩年年攀升，实现了薄弱学校的优质化、跨越式、内涵性发展。如此可喜的成绩就得益于引入现代学校制度。在办学过程中我全方位实施现代学校制度管理，大力构建高效管理体制，为管理层赋能；保持制度建设的适度张力，打造互信和有明确目标的工作团队，激发每个人的潜能；关注制度建设的盲区和雷区。除此之外，在教学层面还构建课堂教学“学习共同体”，优化既重定量又重定性的评价方案，设计高水平的导学案、研学案。在学生层面，创设有认同感的学校文化，以规范的形式开展“组内异质，组间同质”的合作学习，渗透学法指导、促进学生优良学习习惯的养成，让学生学会学习，学会探究。在广东番禺中学，面对一系列棘手的学校发展问题，我大胆尝试，继续演绎着现代学校制度建设的无穷魅力，很快打破了僵局，学校驶入发展的快车道。近期，学校教育集团工作的推进，又为我主持的全国教育科学“十三五”规划课题“基于集团化办学背景下的学校变革研究”开辟了新视野和新途径。

我有很多机会离开教育行业，但我热爱教育行业，热爱教师岗位，关注学生成长，这种教育情怀与生俱来，发自灵魂深处。博学而不穷，笃行而不倦，办好每一所学校，教好每一个学生，成为我几十年来孜孜以求的教育信条。我的步履走过初中、完中、高中、大学、教育集团，从乡村跨入城镇，教育理念也因时因地几经变更，但每一所学校都需要精准拿捏、智慧管理、辛勤耕耘。在潮阳，“立潮头之上，领风气之先”；在二师附中，“君子之品，美丽人生”；在番禺中学，“立德树人，追求卓越”。每一步跨越，都需要仰望星空，脚踏实地。

作为校长，要心灵澄澈、格调清新，你的管理要刚性十足又柔性落地。校长的幸福来自淡泊名利的心态，登高望远的视野，科学智慧的谋划，师生高度的认同。无论在哪里，透明、公平、正义，都是你办学的首要选择，适当处理好“点”与“线”的关系，才能演绎好每一个条块、每一个平面、每一个立体。

本书凝聚着我和我的同事们的智慧与执着，洋溢着一批教育人对学校教育的守望和追求，更充满着对未来学校发展的愿景与期许。教育的智慧有多丰富，教育的内涵便有多深刻，教育的生命便有多丰盈。陶行知先生说：“教育为公，以达天下为公。”教育的责任在于引领和担当，教育的本质就是奠基学生的终身发展。我会继续执着于教育，为学校教育贡献力量。

胡展航

2020 年 4 月写于广州

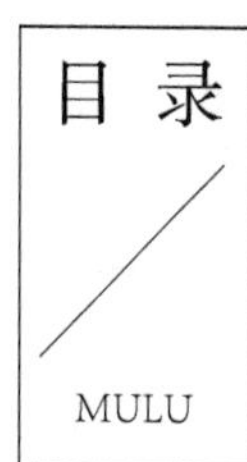

教育理念篇 “0”与“1”

教育实践篇 “方”与“圆”

教育情怀篇 “点”与“线”

教育理念篇

“0”与“1”

引 言

“0”和“1”，不是冰冷、枯燥的数字，而是我对教育本源的哲学思考。从“0”到“1”，意味着从无到有、从小到大、从少到多、从弱到强的蜕变，意味着量变到质变的螺旋发展轨迹。正如《道德经》所言，“天得一以清，地得一以宁，神得一以灵，谷得一以盈，万物得一以生，侯王得一以为天下贞”。

计算机编程的基本代码，不是从“1”到“N”，而是从“0”到“1”，蕴含从“0”到“1”的突破和从“1”到“0”的回归。从“0”到“1”难，从“1”到“0”更难，有无相生，方能创慧。曾国藩说：“未来不迎，当时不杂，既过不恋。”我也常对人说：“倒空自我，将心归零，便能获取更多新鲜的知识、能力及良好的心态，才能获得更大的力量，才能不断进取、不断超越、不断创新！”

从“0”到“1”，也是教育哲学、思想、理念、方法等运行的脉络，是教育未来发展的逻辑，是创造无限机会与价值的人生轨迹！我的办学历程也印证了这一点，我一直致力于薄弱学校的建设，尽力耕耘的土地总给我很多惊喜，这些学校短期内即能蜕变，踏上正轨，一路向前。

从“0”到“1”，滥觞于教育本源，发轫于教育思想、办学理念，谋划于现代学校制度管理，践行于办学实际，每一步都体现了教育思想的创新性，目标和理念的明晰化，行动计划的执行力。

第一章 教育哲学
——“教育就其最高意义而言是哲学”

柏拉图说过，“教育就其最高意义而言是哲学”。而“教育的一切主要问题，在实质上都是富于哲理性的问题”①。一般来说，教育工作者的教育观由他的哲学观决定，教育研究的思维方式也深受其哲学思维方式的影响。几十年来，我一直致力于研究教育的基本问题，深入思考教育的本质、目的、价值等问题，也探究每个学生特有的价值和创造特性，真正把教育当成一门研究“人”之哲学。

教育是一门学问，也是一门艺术。在探寻教育的本质、规律与价值的过程中，我始终认为，只有走进学生心灵的教育才是真教育。因此，我坚持以人为本、以发展为本、立德树人。从事教育工作以来，我一直致力于打破特定时代环境下的思维定式，研究新时期教育的新任务、新课题，积极探

图 1-1 胡展航，广东省人民政府督学、省名校长工作室主持人

① 陈有松：《当代西方教育哲学》，26 页，北京，教育科学出版社，1982。

索先进教育思想与教育实践的有机融合，努力追求知行合一，实现心中的教育愿景。

第一节　立德树人：明于德，亲于众，止于至善

“大学之道，在明明德，在亲民，在止于至善”是《礼记·大学》开篇的第一句，也是整篇《大学》的纲领。2018 年 5 月 2 日，习近平总书记到北京大学考察，在与师生座谈时强调大学要“坚持办学正确政治方向”，并引用了《礼记》中的这句话，意思是大学最重要的意义在于培养有政治素质和道德素质的一代新人，培养适应社会发展、注重知识积累、赓续文化传承、认可制度价值的人，培养社会主义事业的建设者和接班人。我从学生时代开始研习“大学之道”，恪守君子之德，领悟修行之道，并把儒家强调的追求心灵与德行修炼的思想融入学校教育中，始终把“立德树人”作为教育的首要任务，引导学生弘扬高尚的品性，追求最完善的道德境界。

一、教育非他，乃灵魂转向

柏拉图说，教育乃是灵魂转向。主张教育是一门技艺，是最重大、最美好的问题之一，居于首位的是灵魂和理念。当我们探讨教育这种具有独特地位的技艺时，首先要思考教育的理念问题。教育既有高位的形而上的设计，也要有与时代需求和教育实践紧密相连的生长性，同时还存在不断提升教育思想和改进教育方式使之不断完善的科学性。

我一直在思考这样一些问题：怎样的教育才算好教育，才是符合当下学生发展的教育？好教育应该朝向什么样的方向和目标谋划？我们依据什么标准来判定现行教育是否是成功的，是好的？要回答这些问题，归根结底还要回归到教育哲学的问题上来。在“教育学的基础是哲学的一部分还是哲学的全部”的激烈讨论中，科学教育学的奠基人赫尔巴特和新康德主义哲学家那托尔普的观点有不同之处，但他们基本认同哲学与教育学理论基础和发展方向具有一致性。

王国维先生十分赞同“哲学是教育学的基础”这一论断。“夫哲学，教育学之母也”“世所号为最有用之学，如教育学等，非有哲学之预备，殆不能解其真意”。[①] 教育学之母是哲学，教育学只有具备近代意义上的哲学基础才能保持真正的学术独立；只有依靠哲学，我们才能够真正理解教育的本意。

教育的目的需要教育哲学的引领，课程与教材的价值需要教育哲学批判，教学方法需要教育哲学的指导，训育方法需要教育哲学作为依据等。教育目的在于造就为社会服务的个人，以谋社会群体的福利。党的教育方针“坚持教育为社会主义现代化建设服务、为人民服务”，就充分体现了这一点，即教育在今天主要意味着对人的教育，对人的心灵、理念和行动的培育和生成。如同农夫在劳作中对土壤和作物的照料和培育一样，教育就是施加于心灵和由无数心灵构成的文化之上的劳作。

有人说，教育在其最高的意义上而言就是哲学，即教育的本质、目标、理念朝向。作为教育工作者，我在教育实践中时刻不忘学习、追求教育的真谛，不断提高用哲学思考教育、追问教育真谛的能力，让教育生活更丰富，让教育成果更具普遍性和辐射性。正如柏拉图所说，灵魂要转向哪里？我认为应当转向自身，转向“人”本身，转向以人为本。从学校的规制上来说，就是转向现代学校教育制度的构建。

把握教育的本质朝向，叩问教育的真谛，在此基础上形成以人为本、科学合理的现代学校教育制度，是我担任校长以来一以贯之的工作。有一位记者是这样描述的：

印象胡展航

学者型校长应是教育教学的行家里手，兼具思想与学识，他们往往酷爱读书，能够著书立说，升华理论，运用实践。胡展航校长正是这样一个充满智慧和思想、在教育教学管理上注重研究并有一定成果的实干

① 参见周锡山编校：《王国维文学美学论著集》，太原，北岳文艺出版社，1987。

家、名校长。

要想成为教育家，就要成为富有教育情怀的实干家。2017 年 11 月，从广东第二师范学院附属学校教育集团总校长接棒广东番禺中学校长，胡校长已走过一条不平凡的路：南粤优秀教育工作者、广东省名校长、广东省人民政府督学、中山大学教育硕士生导师、省普通高中教学水平数学学科评估专家、省高中数学骨干教师主讲教师、省中小学名校长工作室主持人，等等。

胡校长与众不同，是个颇具魅力的人物，他最爱说的一句话就是“工作与你有关系，名利与你无关系”。这位略显消瘦、慈眉善目、语调温和、落落大方的校长总给人一种沉稳自信、坦荡磊落的感觉，举手投足间彰显着君子之风。

他勤于读书，潜心钻研，致力于校园文化建设和现代学校制度建设等探索。先后主持广东省“十五”“十一五”“十二五”规划课题；在国内各类期刊发表论文近 30 篇，多篇文章发表于《中学数学教学参考》《教学与管理》等核心期刊，教育专著有《新课程标准下的普通高中学校管理》《基础教育现代学校制度的实践与思考》《现代学校权力运行中的流程管理——广东第二师范学院番禺附属中学若干典型案例详析》和《基于学生能力培养的参与式课堂教学模式——广东第二师范学院番禺附属中学课堂教学改革的实践与思考》；先后就职于潮阳第一中学、广东第二师范学院番禺附属中学两所广东省国家级示范性普通高中；以课堂教学改革和现代学校制度建设蜚声区域教育。

作为首批、第二批广东省中小学校长工作室主持人，他用心培养来自汕头、揭阳、江门、阳江、韶关和番禺等地的学员校长，积极传播和辐射自己的先进办学理念和治校之道。工作室成绩突出，成果丰硕，连续被评为优秀，如今他继续担任第三批广东省中小学校长工作室主持人。

图 1-2 2018 年广东省新一轮中小学名教师、名校(园)长工作室启动

二、以人为本——现代学校制度的内核

现行的学校制度基本上基于农业时代、传统工业时代的"大批量生产、标准化"的教育，已经成为现代学校建设与发展的较大阻碍之一。如学校的法人、主体地位不明确，学校受政府行政控制过强等。学校的发展未显个性，千校一面，平庸一般，限制了学校内部管理制度的创新，也使家长、社区缺乏对学校的监督、参与等机会。而学校管理决策中的非制度化、权力化、经验化等特征也亟待改变。因此，教育急需顺应时代发展，尽快建立与知识社会、互联网时代相协调的现代教育制度，以建立现代教育理念，全面激活学校发展潜力，提高学校效能，促进学校的科学发展和可持续发展。

探索现代学校制度建设意义重大，它是全面推进教育创新尤其是教育制度创新的需要，是进一步提高教育资源利用率和学校效能的需要，是繁荣学校文化、推动学校可持续发展的需要，也是培养全面、多元、终身发展和个性化发展的各类人才的需要。

(一)现代学校制度的内涵①

现代学校指的是具有现代教育特征，能反映信息时代、知识经济时代的社会、政治、经济、文化特点的学校。

现代学校制度就是指“一个好的、关于学校的规则体系”，是能体现以人的发展为本的思想，以学校法人制度为基础，以现代教育观念为指导，坚持依法办学、自主管理、民主监督、社会参与，促进学生、教职员工、学校以及学校所在社区的协调和可持续发展的一套完整的制度体系。

现代学校的“现代”并不完全等同于时间概念上的现时代的学校，也并非指现代社会开始以来所建立的、与现代社会在同一历史起点上的“关于学校的规则体系”，它有着时空上的内涵，更有着观念上的内涵，立足于社会文明转型时期现代学校制度的价值追求，即为学生的充分、全面、终身和允许有差异发展提供尽可能充分、平等、有秩序、优质的教育服务。“现代性”是现代学校的内在规定，现代性的办学理念和管理模式是现代学校的根本特征。

现代学校制度应该坚守“以人为本”的价值诉求：为社会提供更为平等、充分、优质、低成本的教育服务，实现教育公平和优质发展。具体目标是实现学生的全面、多元、充分发展和个性化发展，校长、教职工的专业化发展，学校的可持续发展以及学校所在社区的融合发展。而教师、学校和社区的发展最终都是为学生的发展服务的。

(二)现代学校制度的建设与管理

现代学校制度的概念内涵会在探索实践中不断得到丰富和发展。以我所在的广东第二师范学院番禺附属中学(以下简称“二师附中”)为例，现代学校制度建设主要体现在依法办学、制度建设、文化引领、机制创新、民主监督、社会参与等方面。

---

① 参见胡展航：《基础教育现代学校制度的实践与思考》，北京，中国轻工业出版社，2013。

1. 学校章程是依法办学的根本

现代学校制度建设的法治基础是依法办学。坚持依法办学，就是要求学校恪守宪法和教育基本法律法规，认真开展普法教育，树立师生法治意识，依法保护学生和教师的合法权益，同时，又要为学校发展制定学校的“宪法”，这个“宪法”就是学校章程。

学校章程是构建现代学校制度的基础，学校应按照法定程序制定学校章程，并依据学校章程制定、完善学校的管理制度体系，实施学校的具体管理。如今，中国特色社会主义进入新时代，我国社会主要矛盾已发生了变化，促进教育和学生充分、均衡发展，成为每位教育工作者的时代担当和自觉行动，首先要做的就是着手学校章程的制定。

2017 年 11 月，我调任广东番禺中学(以下简称番中)校长，面对学校规模不断扩大、学段不断增加的局面，我带领领导班子及时思考如何适应新时代要求，立足学校发展实际，在传承的基础上，准确定位学校未来发展的方向。我组建了专家团队，进行了适应新时代发展的学校办学理念、培养目标的顶层设计，修订《广东番禺中学办学章程》，制订学校中长期发展规划，完善学校办学机制和管理措施，探索学校在更高水平和品位上的创新发展，力争把番中打造为“基础教育示范校、教育创新引领校、国内省内知名校”。

2. 制度建设是现代学校制度的核心

现代学校需要一套好制度，好制度有利于实现育人功能，好制度有利于造就一所好学校。在构建现代学校制度的过程中，面对制度建设中的现实困境和认识偏差，学校采取了以下策略。

(1)畅通学校建章立制、依章而行的机制

第一，优化和完善学校制度体系。现代学校制度应包括学校章程、学校核心制度和学校外围制度三部分。学校章程是学校自主管理和政府监督的基本依据，学校核心制度是促进学生与教师充分、全面发展的制度，学校外围制度是服务学校核心工作、为学校提供坚实保障的制度。

三者息息相关，缺一不可。除此之外，还必须强化岗位责任机制。管理岗位责任机制是现代学校制度的重要机制之一，学校应厘清各部门、各岗位职能，让每个岗位可操作、可监控、可问责，确保各负其责、条块顺畅、运转协调。

第二，遵循制度设计的基本原则。制度设计应遵循以下几个基本原则：民主程序，即应由全体教师根据民主程序制定学校的规章制度，校长只是起草人和解释人；公开宣传，以各种方式听取各方意见；可操作、可监控、可问责，即在制度设计中，应杜绝让人可望而不可即、根本无法做到的“神仙条例”；保持稳定性，对实施不久的规章制度不做改动，以体现制度的严肃性和权威性。在 2017 年 11 月 28 日广东番禺中学教职工大会上，我以“不以规矩，不能成方圆”为主题，强调舒适和美的环境必须建立在规则的常规管理有序的情况下和老师高度自觉的基础上，号召教师们学习“制度决定一切”的理念，要“敬畏制度”，“有问题找制度”，站在全局的角度考虑问题，坚守制度与法规。

第三，建立有效的制度运行、监督机制。良好的制度执行机制的确立，是增强现代学校制度执行力的重要保障。一般包括以下几个机制。

纵向互动机制　就制度制定者和执行者而言，制定者在制定制度之前，要研究校情，充分了解实际情况；在制度实施过程中，要密切关注各种问题，进行归因研究，寻找解决策略；定期进行评估和反馈，必要时对制度进行调整和完善。执行者要积极配合前期的调研和收集信息工作；在执行过程中，要认真领会制度的精神实质，高效执行并及时反馈。

横向合作机制　就既有制度与新制度之间的关系、制度执行主体之间的关系而言，一方面，要处理好既有制度与现代学校制度之间的关系，实现协调、有序运作；另一方面，要处理好制度的执行主体之间的关系，各执行主体(含部门、年级、责任人)应相互沟通，加强合作与交流。

运行监控机制　大致包括运行前监控、运行中监控和运行后监控。它们是密不可分、相互衔接的整体。科学、有力的监督设计是制度执行的前提，应加强制度执行过程中督办环节的落实，同时必须推行问责制，实现制度面前人人平等。学校监督机制既要监督制度的执行者，也要监督执行机构，这样，制度的权威性才能得以维护。

第四，建立信息沟通机制。全面沟通、及时沟通、主动沟通是现代管理制度的重要原则，是现代学校制度得以有效运行的重要保障。该制度主要是为了克服制度运行中的信息不对称以及信息失真现象，以期实现上情下达和下情上陈。例如，我初到广东番禺中学，就从顶层、运作层和基层管理等方面加强制度的建设和落实的监控。先后制定了《广东番禺中学党政联席会议制度》《广东番禺中学校长办公会议制度》《广东番禺中学新课程新高考研究方案》《教学质量优胜奖方案》《广东番禺中学创新人才培养机制方案》《广东番禺中学集团化办学研究工作方案》等。每项制度的出台都经过充分的酝酿和广泛意见的征求，最后经由党政联席会议、行政扩大会议或教代会通过。此后三年，广东番禺中学锐意改革，先行先试，建构了一套科学的、高质量的、富有特色的现代学校管理系统，认真落实依法治校的发展要求。

(2)夯实学校制度建设的思想基石

学校制度建设应以人为本。传统的管理模式容易束缚人的个性和创造才能，也容易扼杀制度的文化气息和生命力。学校的制度设计思想应体现“三本”理念，即“以人为本”，尊重学生个体，突出个性发展；“以生为本”，一切为了学生的发展；“以师为本”，尊重教师，尊重知识，营造民主和谐的管理氛围。鼓励教师们培养好习惯，如守时、记录、思考等，强调教师的成长条件即“个人修养＋有能力＋广泛调动一切可能调动的积极性”。总而言之，学校的制度建设应最大限度促进师生发展，提升师生幸福感，促进学校发展。

(3)提升学校制度建设的伦理价值

民主精神　制度的产生程序要体现民主精神。要发动师生积极主动参与制度设计，充分尊重教师、学生、家长和社会人士表达感情、提出观点、反映意见的权利。这样，学校制度才能获得师生的认同，从而增强学校制度的执行力和凝聚力。

科学精神 制度的内容要体现科学精神。要实事求是，尊重教育规律和个体成长规律，从学校的实际情况出发，制定符合学校历史、特色和风格的制度。

【小故事】

校长，我要跟你辩论

2017 年 11 月，我刚来番中。一天，一个孩子气冲冲地跑进校长室，还没等我开口，他就说："校长，我要跟你辩论。"

我看着他，笑而不语。等待了一会儿，发现他站着不动，但是神情紧张，身体甚至有些微微发抖。"好，请你坐下来，慢慢说。"这个男生愣了一下，在我面前坐了下来，然后打开随身携带的笔记本，开始了他的陈述。原来，他是广播站的站长，是学生社团活动的积极参与者。学生们听了一些所谓的小道消息，说新校长来了，不重视社团发展，会进行打压。在他小小的笔记本上，写满了密密麻麻的字。他坐在我面前，像开机关枪一样，一条一条快速陈述，态度非常认真。等孩子一通说完，我看着他说："孩子，你觉得你所得到的消息是正确的吗?"孩子一下愣住了，旋即反应过来，说："是的，科技社的同学反映就是这样的。"哦，原来如此。原来是科技社的同学们参加了广州市青少年科技教育协会组织的"DI 创新思维竞赛活动"，取得了很好的成绩，收到了一封参加"全国赛"的邀请，他们准备去参加这个"全国赛"，但是被我叫停了，同学们感到非常不理解，于是关于新来的校长不支持社团活动的消息就开始在学生间，甚至学生微信群、QQ 群中流传。这个男生就是在这样的状态下，愤而来找我理论的。

在现代学校管理中，我们崇尚依法依章、规范办学，强化规范性和精细化。科技社的同学所参加的市级比赛是由教育行政部门及其下属单位组织的，具有权威性，可是来自北京的邀请函却并非如此，并不符合相关的政策规定。在这之前，我已经安排了学校团委书记及社团辅导老师与科技社的孩子们沟通，看来孩子们还不能真正理解问题究竟出在哪里。于是，我再次找到了团委书记和辅导老师，并约见了科技社的同学和广播站的同学，说明了事情的原委。经过充分而有效的沟通，我和孩子们达成了共识，让孩子们理解了老师的良苦用心。随后，我们又承接了市第33届科技节这一大型活动，科技社的同学在活动中大显身手，社团得到了充分的展示，活动也获得了各方好评。由此，社团的同学们也充分感受到了学校在制度建设中的柔性处理。

这次事件的处理及后续的关注，使老师们和同学们感受到要做好工作应该保持有效且畅顺的沟通，更应该建立彼此之间的信任感，这样才能使事情处理得圆满，发展得顺利，从而促进和谐校园的建设。在这样的氛围下，学校社团继续活跃着，并且组建了更多的文学、体育、艺术乃至学科社团。

图1-3 广东番禺中学啦啦操队在中国大(中)学生啦啦操锦标赛中勇创佳绩

(4)保持学校制度建设的适度张力

一方面，要保持各项制度之间的平衡。比如，为提高教师的专业能力，德育部门和教学部门之间的培训时间、培训内容与培训密度彼此协调、衔接，保持平衡。再如，学校的绩效奖励方案与既有制度之间保持配套，相互支撑，避免冲突。另一方面，要平衡处理制度的刚性与弹性关系。比如，教师基本的上下班制度与个别教师弹性上班之间的平衡，规章制度中渗透的人性关怀等。

(5)关注制度建设的盲区和雷区

照亮制度建设的盲区。所谓制度建设的“盲区”，指学校管理者易忽视而又易多发问题的区域。对此，必须擦亮眼睛，用“望远镜”拓宽视角，用“显微镜”仔细观察，照亮这些盲区，如学校的意识形态教育、校园微腐败、校园安全应急预案等。

规避制度建设的雷区。所谓制度建设的“雷区”，指不符合国家实施的教育教学法规或政策的内容。学校管理者应依法治校，远离法律和政策的高压线，如公车使用、经费使用、招生收费、学籍管理等。

3. 文化引领是现代学校制度的内驱力

在建设学校制度的过程中，必须关注制度背后的伦理精神、道德取向和价值基础，用现代学校文化建设统摄现代学校制度的方向，发挥文化的引领作用。在现代学校制度的探索实践中，须坚持“以人为本，以章为行”的理念，不遗余力地加强学校文化建设，营造健康舆论，在“刚性”制度和“柔性”管理的平衡中，实现对教师的价值引领和文化浸染。

(1)构建紧张、有序、务实、高效的行政运作模式，打造以责任意识和服务意识为核心的行政文化，以行政文化引领学校文化。为此，学校召开了为期三天的行政、级长闭门会议，认真研究学校工作中存在的问题，力求统一思想，明确职责，致力于解决实质性问题。行政干部也定期开展批评和自我批评，弘扬正能量，提升执行力，努力打造具有表率、示范和精神作用的团队。在 2018 年 1 月 21 日的行政扩大会议上，我进行了“中层干部能力提升”的主题讲座，强调“管理就是沟通”，从“中层干部的含义与特征”“中层干部的角色与作用”“中层干部面临的问题”和“如何做一个称职的中层干部”等方面，要求中层干部正确规划自身的发展方向，恪守行政纪律，多学习，甘于吃亏，永不抱怨，教学和管理都力争优秀，做学校文化的忠实宣传者、实践者。

(2)以制度设计和制度重建营造公正的文化环境。无论是从无到有的制度设计还是臻于完善的制度重建，无论是程序性制度还是评价性方案，都要坚持“以人为本，利于发展”的原则，彰显公平公正的价值取向。

(3)践行严谨踏实的治学态度，营造浓郁宽松的学术氛围。我受聘为二师附中校长以后，首先注重的就是教师的职业意识渗透和学校的研究氛围营造，以严谨的治学态度和宽松的学术氛围作为治校和治教的行动指南。

(4)为教师参与学校发展搭建平台。无论是学校办学理念，发展规划的提炼、润色，还是奖励性绩效工作方案的拟订修改、监督运行，学校都坚持走群众路线，让一线教师广泛参与、充分讨论，吸纳教师的合理意见和建议，充分酝酿，反复修改，发挥教师的主人翁精神，增强决策的科学性。这样，出台的制度切合学校与教师实际，得到教师的认同和理解，在执行的过程中易于落实，形成合力。比如，学校岗位设置和奖励性绩效方案的制订与施行，至今零投诉。

4. 机制创新是现代学校制度的源头活水

科学构建学校行政管理架构尤其是中层机构设置与聘任，是现代学校制度建设中的重点。为优化结构，提升效能，我为二师附中设计了改革试点方案，内设中层机构 5 个，即办公室、德育处、教务处、教研室、总务处。各处室设正副主任各 1 人，正职主任由校长提名，经组织考察后，交由学校领导班子决定任命，报番禺区教育局批准后聘任；各处室副职主任实行竞争上岗，按照区教育局批准后的内设机构副职竞争上岗工作实施方案执行。岗位竞聘的整个过程十分顺畅，真正让教师感觉到公平、公正、公开，极大地调动了广大教职员工的工作积极性。在番禺中学，我探索“统一领导、全程管理、分部负责、分权赋职”的一体化集团式办学模式，并整合资源，充分发挥小、初、高、国际部相对独立，互相促进，各学段灵活性、自主性强的优点，探索各部的办学特色，打造优质教育，办出全国一流、广州特色的新学校。

5. 民主监督是现代学校制度建设的保证

加强民主建设，健全监督机制，是建设现代学校制度的重要内容，也是贯彻以人为本，建设幸福学校的必然要求。在现代学校制度建设的实践中，无论是决策工作还是执行工作，学校都坚持推行民主监督参与机制，充分发挥校长办公会议、行政扩大会议、教代会及党总支在决策中的民主监督作用，以最大限度地实现决策的科学性、民主性。同时，学校还注重发挥教代会、家长委员会以及学生会等二级组织在学校管理中的民主与监督功能，体现学校管理的开放性和民主性。2010 年 12 月，在我的积极推动之下，二师附中选举产生了新一届教代会代表，成立了工会委员会，并召开了第一次代表大会，选举产生了工会。为加强党的领导，学校设专职党总支书记，党总支下辖四个党支部。党总支书记按照有关规定产生，配合校长做好学校全面工作，充分发挥学校党总支的政治核心、监督保证和战斗堡垒作用。学校一如既往地坚持校务公开，提升工作的透明度，使工作公开、公平、公正，充分彰显了“民主、开放、科学、高效”的管理特色。

6. 社会参与是现代学校制度建设的支柱

与社会的互动机制是现代学校制度的重要组成部分，主要目的在于建立社会参与学校管理和学校服务社会的双向机制。社会参与主要表现在学校与社区的互动上：社区或学校根据对方的合理建议调整教育措施，或利用各种教育资源给予对方必要的支持和援助；家庭或社区对学校教育有知情、选择和参与权。这一机制的建立，将有利于构建学校与社区相互支持的学习型社会体系。另外，名校的校友资源也是一种非常重要的资源形式。探索家庭、学校、社区的三方有效互动机制，将是现代学校制度建设的永恒课题。

为更好地推动社会参与，实现家庭、社区和学校的良性互动，学校应积极拓展家校沟通渠道。各年级均有健全的家长委员会架构，并能有序运作；各年级定期召开全体家长会、家长委员会例行会议，耐心听取家长对学校及教师的诚恳意见；定期向家长通报学校发展的重大举措，请家长为学校的发展建言献策，为家长提供参与学校管理和监督的平台；还不定期邀请家庭教育专家为学生家长作专题报告。

学校不定期对外开放校园和课堂，社区人员和家长可进入课堂随堂听课，了解学校的教学教改动态、教师的教学水平和孩子的学习状态，并参与评教活动。德育、教学部门以及各年级还经常组织各类教育活动或主题班会，邀请社区人员和学生家长参与。学校还向社区开放体育场馆，积极参加社区的志愿活动，部分教师发挥专业优势，积极服务社区公众。在广泛的参与和互动中，社区人员和学生家长逐步熟悉了学校的办学理念、办学方向和办学举措，对学校的办学方向、办学特色和各项制度逐步由未知走向熟知，由不解走向理解，由旁观走向参与，由抵触走向认同，进而走向支持和传播。民警、交警尽职尽责，誓保校园周边安全；街道、城管、社区、村委竭尽所能，为学校的发展保驾护航；部分企业、家长代表关心学校发展，积极支持学校的教师健康和奖学工作。

建设依法办学、自主管理、民主监督、社会参与的现代学校制度，是《国家中长期教育改革和发展规划纲要(2010—2020 年)》提出的明确要求。作为省基础教育综合改革试点单位，经过我近两年的实践探索，二师附中已初步彰显出“民主开放，科学高效”的管理特色和健康的舆论氛围，现代学校制度的雏形已具。而最大的收获在于学校已步入良性循环，进入了快速发展的轨道，社会声誉和社会认同度显著提高，一个崭新的、充满无限生机的大学附中和国家级示范性高中已经扬帆远航。

(三)制之以衡，行之有度

现代学校制度建设是创建 21 世纪新型学校的需要，是学校由近代型学校向现代型学校转型的必然要求。学校所有的管理活动的目的是促进师生的共同发展，从而推进学校的整体发展。因此，在学校管理中，构建科学、规范、高效的现代学校民主监督体系，形成决策、执行、监督三权制衡的管理框架，是当前现代学校制度建设的重要内容。在决策权、执行权与监督权相互制约的格局中，我的做法是：决策时体现一个“慎”字，执行时突出一个“效”字，监督时反映一个“廉”字。建立权力制衡和监督体系，构建相关的权力制衡和监督机制以及岗位问责机制，是学校实施权力运行和流程管理的重要保障和补充。

此外，还应正确处理科学严谨的管理制度与人性化管理之间的矛盾。学校是培养人才的基地，是塑造学生优良品性和高尚人格的地方，充满着人文气息。这要求学校在管理上注重人文关怀，强调人性化管理。因此，科学严谨的管理制度与人性化管理之间就产生了矛盾。然而这两种管理模式的关系并非不可调和，如何在它们之间寻找平衡点，充分利用每一种管理制度和模式的优点，在保障学校能够拥有一套科学严谨的管理体系的基础上，注重人性化管理，保证师生权益，促进学校有效教学，是值得我们探讨的问题。

我们说从严管理、从严治校，但同时又倡导管理的人性化、富有人文关怀的管理。那么，在具体的学校管理中，在构建和谐校园的过程中，我们如何处理这几个因素之间的关系，才不致产生矛盾，才能尽善尽美地做到既有制度的约束，又能让师生轻松愉快地发展？这就要求我们一切从实际出发，维护师生利益，促进学校办学质量的提升。

科学严谨的制度建设是每一所学校所必需的。“没有规矩，不成方圆。”一所学校的正常运转、教学活动的有效开展，没有严谨制度的约束，没有科学制度的管理，没有公正制度的监督，是难以取得成效的。因此建立健全完善的制度体系是一所学校正常运行的保证。

制度管理是学校的根本，也是人性化管理的基础。没有完备的管理制度，人性化管理就无从谈起。规范的、完备的、科学的管理制度确立并落到实处，之后，才能实施人性化的管理。因为在学校的范围内，师生只有通过一定的行为规范和准则的约束，才能逐渐养成良好的道德修养，人性化管理的推广才能水到渠成。

制度管理原则性很强，是刚性、强制性的。而人性化管理要求尊重人、重视人，是春风化雨、滋润万物的。它要求在执行制度的前提下，根据师生个体的发展进行管理，为师生个体的发展创设情境。人性化管理不是不要制度管理，而是注重个体的自觉行为，是对制度管理的更高要求。

制度管理强调约束人的行为，人性化管理强调为人的发展创造良好的环境，二者目标一致，都是为了培养对社会有用的人才。因此，在学校管理的过程中，要因时因地制宜，正确处理二者的关系，既不割裂又不混淆，最大限度地调动教师的工作积极性，提升学生的学习热情，促进学校整体教学水平和质量的提高，这才是最有效、最优化的管理模式。

图 1-4　胡展航校长陪同广州市领导检查学校高考考场准备工作

我对制度管理和人性化管理关系的正确处理得到了社会各界的高度关注，正如一篇文章所言：

“Z”理论与制度文化

“Z”理论认为，畅通的管理体制，应让职工参与决策，发挥中层管理者的作用，密切上下级的关系。一个组织要有与众不同的个性（即组织文化），离不开信任、敏感与亲密，这就要求以坦白、开放、沟通的基本原则实行“民主管理”。胡校长正用行动践行着这一科学的理论。

胡展航校长初到广东番禺中学便认真调研校情，立即着手完善了一系列规章制度，如《教学常规制度》《党政联席会议制度》《新课程研究方案》等。“落实—践行—监督”三环节是学校制度文化的核心内容。构建以人为本的制度文化，既规范了师生行为，又营造出良好的工作氛围。

强化学校制度执行的力度，是校长角色的重要职责。为此，胡校长每天最早来到学校，中午在学校食堂吃，最晚离开，重要工作一定亲自过问和检查。

在番中，还有一个可以折射出制度方面严格和规范的细节，就是提前候课。此前，有的老师上课迟到，下课提前，现在规定预备铃前老师必须到教室门前候课，让师生精神面貌为之一振。

有了制度文化，学校的精神文化也更加澄澈透明。老师过生日时收到的鲜花，节日收到的真诚祝福，困境中获得的学校援助……人本的关怀在这里处处可见。人本的思想使全校师生拥有感恩之心，在自身得到关怀的时候不忘关怀他人、奉献他人。“明规章”与“潜制度”相互补位，使制度文化以其独有的魅力在校园文化领域绽放出夺目的光彩。

三、基于“君子”情怀的办学理念

“以人为本”既是现代学校制度的内核，也是教育的重要目标，充分展现了教育的人性光辉。教育不应仅为政治或经济目标服务，也必须以实现个体的自主发展为目标。判断教育成功的标准是什么？其落脚点最终在哪里？教育者如何在理念上保持先进性？对于这些问题，我有着自己的独立思考。

当今的教育，部分学校和教师在行动上致力于追求不断扩展的量化指标，致力于追求日新月异的现代信息技术手段，以换汤不换药之举来营造教育的表面繁荣景象，仿佛置身在一种气势恢宏的教育振兴气氛里，其实这种景象往往容易掩盖对教育本质和灵魂的认识，容易忽略教育目标、教育理念这类核心问题。在教育实践领域，近些年的教学改革已经取得了令人欣喜的收获，但突破性进展相对不足，部分教育个体依旧是偏执于教学技术手段的更新，而在课程体系整合以及教育理念的变革上难有作为。

基于对教育哲学的深思和辩证认识，我钟情于“君子”文化，把二师附中的教育理念定位在“培养现代君子”上，并以“学为君子，兼善天下”为校训。这一理念既汲取了中国优秀传统文化的丰厚营养，又接受了现代教育的先进思想。

“君子”是中国古代儒家思想中做人的标准，其精神风貌就是重义轻利、胸怀坦荡、反躬求己、知行并进、自强不息。“学为君子”即以君子的标准要求自己。《荀子·劝学》云：“君子之学也，入乎耳，著乎心，布乎四体，形乎动静。……君子之学也，以美其身。”意即君子为学应当贯附于耳，铭记于心，融会于举手投足之间，蕴含于动静两态。因此，但凡一言一行，都会使人效法。

儒家特别推崇高尚的人格，称许才德出众的人。关于“君子”的论述不胜枚举。

君子明德。《礼记·大学》云：“大学之道，在明明德，在亲民，在止于至善。……德者，本也；财者，末也。”

君子修身。《礼记·中庸》云：“好学近乎知，力行近乎仁，知耻近乎勇。知斯三者，则知所以修身。”《孟子·告子》云：“故天将降大任于是人也，必先苦其心志，劳其筋骨，饿其体肤，空乏其身，行拂乱其所为，所以动心忍性，曾益其所不能。”

君子诚信。《礼记·中庸》云：“诚者物之终始，不诚无物。是故君子诚之为贵。”《论语·为政》云：“人而无信，不知其可也。大车无輗，小车无軏，其何以行之哉？”

君子知礼。子夏云：“君子敬而无失，与人恭而有礼。四海之内，皆兄弟也。”孔子云：“礼之用，和为贵。”又云：“道之以德，齐之以礼，有耻且格。”

因此，以君子风范、君子人格、君子气质培养青少年，对于塑造美丽人生，推进素质教育，仍不啻为一盏指路明灯。

“兼善天下”则融合了墨家的平等兼爱思想与儒家的治世理想。《孟子·尽心》说：“穷则独善其身，达则兼善天下。”意即不得志时修养自身，显达时心怀天下，让天下人都得到好处。后来北宋范仲淹进一步将其发展为“先天下之忧而忧，后天下之乐而乐”的思想。

在广东二师附中时，我提出，二师附中培养的不是一般意义的“君子”，而是“现代君子”。“现代君子”是指具备传统君子的优秀风范和体现与时俱进的时代气息的人，现时代要特别突出温文尔雅、胸怀坦荡，以义统利、天下为任，学术并重、知行合一，开放合作、自强不息的品格，以彰显情怀高尚、自强不息、勇于担当的价值追求。我明确学校的培养目标是：树立“学为君子，兼善天下”的远大理想，秉承“德才兼修，学融中西”的优良传统，具备“文化归属，国际理解”的现代情怀，成为愿干事、能干事、能干成事的社会主义优秀公民。而能否“学为君子，兼善天下”、能否“德才兼修”、能否成为“优秀公民”，无不以美丽人格和美丽人生为根基和土壤。

因此，二师附中全面实施“君子教化”，引导教师要学为君子、行为世范，其道德学问和言行举止可以成为学生和社区的表率；化育学生要学为君子，兼善天下，成为“愿干事、能干事、能干成事”并具备国际理解能力的社会主义优秀公民。

根据《国家中长期教育改革和发展规划纲要(2010—2020年)》的有关精神，我在二师附中以“培育现代君子”的办学理念为根基，以“学为君子，兼善天下”为宗旨，组织开设“美丽人生”课程群，以礼仪、艺术、心灵、文史、人生规划等内容为模块，以美化德，以美启智，提升学生人文素养，引领学生“学为君子，兼善天下”，陶冶美丽人格，规划美丽未来，塑造美丽人生，为建设美丽中国奠定坚实的人格底座和深厚的人文根基。这既是贯彻党和国家教育方针的客观要求，也是对“美丽中国”治国理念在基础教育课程开发上的拓展和延伸。

在文本资源方面，“美丽人生”系列特色课程包括六个模块：美丽人生·礼艺篇、美丽人生·心灵篇、美丽人生·科学篇、美丽人生·人文篇、美丽人生·人生篇和美丽人生·天下篇。

在教学安排方面，第一年知习基本礼仪，养成端庄举止。这一年的目标是学会认识自我、规划人生，广泛阅读以拓展视野，奠定人文素养；与美同行，以歌唱和速写感受艺术的魅力，提升艺术素养。部分学生遵从个性特长，向艺术类方向分流。第二年润养心灵，促进身心和谐发展。这一年侧重人生规划和国际理解教育。部分具有艺术特长的学生选修美丽人生艺术方向，并选修部分大学课程。第三年强化人文素养教育。力求在完成高中学业的同时，修得美丽人格，塑造美丽人生，同时为高校输送优秀的艺术类人才。

第二节　学用相长：勤于学，敏于思，促于精进

“学”是“用”的内在前提，“用”是“学”的外化体现，“学”与“用”相融相长，既要内化于心，又要外化于行。在自己的专业发展和教育管理中，我注重学用相长，不断学习学思结合、学用结合的教学和教育方法，并通过课堂教学改革，实现学生的自主学习、自主成长。

一、立足课堂，学用相长

重新审视传统课堂，我们会看到封闭、保守、低效、凝固、一言堂等缺点。这样的课堂弊端重重，不适应高中课改，与学习的规律背道而驰，不利于学生的可持续发展。现在课堂仍然存在着模式化、单一化、静态化的弊端。

教学质量的根源在于课堂。教学质量是学校办学质量的核心，是学校的生命线，而教学质量的提升，根源在于课堂教学的有效性。要提高课堂教学的有效性，必须掀起课堂教学的变革。

(一)课堂教学改革的目标和任务

课堂教学改革要坚持全面发展的质量观、以学生为本的学生观、优

质的课堂效益观；秉持课堂教学目标导向性、学生主体性、面向全体性、评价有效性和开放性原则，努力提高课堂教学水平和质量，促进教与学双边活动的最优化。基于此，我们主要从以下几个方面着手。

1. 尊重教学规律，加强学生良好学习习惯的培养，跟踪学生作业的落实，构建充分体现学生学习主体地位的课堂教学模式和管理方式，实现教学过程管理的最优化。

2. 着眼全面提高学生综合素质和实践能力的培养，积极构建民主和谐、充满活力、学生广泛充分参与的课堂氛围，落实学生的思维训练和能力培养，让教学方式方法达到最优化。

3. 不断改进和加强教学管理，完善符合现代教育思想、现代课堂教学和素质教育要求的各具特色、富有实效的教学管理制度，让制度在提高教学质量的过程中发挥支点和杠杆作用。

(二)让学生成为课堂的真正主人，促进学生学会学习

以学生为本的理念在课堂中如要真正落实，就要最大限度地满足学生真实的感受和真正的需求。让学生成为课堂的主人，教育教学活动就要以学生为起点和归宿，必须强调学生的自主性、主动性，让学习过程成为学生自我设计、自我选择、自我造就的活动。课堂须为每一个学生服务，为学生的一切需求服务，满足不同学生的不同需求，教师不能也不应该为学生完全设定学习的内容和方法。教师与学生不应是“演员”与“观众”的划分，而应该同时既是“导演”“演员”，又是“观众”，共同策划，同台表演，从而形成平等、民主、互助的师生关系，让教师成为学生的帮助者、引导者和合作者，激发学生探索求知的责任感，使学生从内部产生一种自动的力量。而学生通过不同的“角色表演”，能够不断领会知识的内涵，努力获取自己所需要的东西，并且逐步掌握学习知识的方法和技能。

(三)让学生成为知识的真正主人，促进学生学会思考

知识的真正主人会把知识作为目标去追求。我们只有让学生认识到他们所要了解的信息，掌握的知识的来源、功能、内涵和效用，才能使学生明确为什么要学习；我们只有让学生进入知识情景中去，才能使学生找到学习的路径，促进学生通过多种途径去探求新的知识；我们只有创设更多的机会让学生参与社会实践活动，让学生在活动中去感受知识的功效，才能激发他们追求知识的热情。当学生成为知识的真正主人，他们就会懂得知识的力量，就会千方百计去追求知识，从课堂上获得人类优秀文化知识，从社会实践中直接获取各种技术信息，把这些信息、知识内化为自己的东西，并善于运用所掌握的知识去分析观察社会现实问题，做出适当的判断，提出各种符合时代潮流的观点。社会是不断发展的，客观实际也不断出现新的状况，知识也需要不断更新、发展，让学生成为知识的真正主人，能够使学生适应不断变化的实际，不断吸收各种新知识、新信息，不断增强自身的整体素质，提高认识世界和改造世界的能力。

(四)让学生成为思维的真正主人，促进学生学会创造

素质教育就是要培养学生的科学思维方法，也即促进学生形成创新思维，促进学生学会创造。苏霍姆林斯基说过："一个人到学校上学，不仅是为了取得一份知识的行囊，而主要的还是为了变得更聪明……真正的学校应是一个积极思考的王国。"[①]所以，教师不仅是科学知识的传播者，更重要的应该是思维能力的培养者，在教育教学实践中，要让学生成为思维的真正主人，促进学生学会创造。教师不要包办一切，不要把自己的思维趋向强加给学生，既不要强求群体思维的同化，也不要追求发散思维的归一。这样，学生才能够在广阔的思维空间中自由驰骋。学生成为思维的真正主人，才能多角度、多层次把握事实，敢于提出新问题，勇于解决新问题。而学生的知识越丰富，思维越深刻，认识越充分，实践的程度和能力也就越强。

---

① [苏]苏霍姆林斯基：《给教师的建议》，杜殿坤，编译，209页，北京，教育科学出版社，1984。

二、养成学习习惯，提升学习力

习惯决定命运，学习习惯决定学习力。担任广东番禺中学的校长后，经过半个学期的观察，我发现学生的学习行为需要规范和养成，于是交给番禺区初丹名班主任工作室一个任务：根据课前、课中、课后的不同学习要求，制定“广东番禺中学学生学习行为养成法则”。详细的学习行为养成法则如下。

广东番禺中学学生学习行为养成法则

学习习惯，是在学习过程中经过反复练习，形成并发展为一种个体需要的自动化学习行为方式。在这个时代，学习力就是竞争力，而优秀的学习习惯是提升学习竞争力的保证。本“法则”主要展现我们日常学习过程中容易被忽视的一些细节问题。细节决定成败，希望同学们能做好每个细节，以形成属于自己的学习策略，克服拖延，提高学习效率，培养与形成自主学习能力，获得终身受益的良好习惯。

一、课前

(一)利用“导学案”预习新知识

结合课本，完成导学案；圈画、标记课本及导学案上的重点、难点。

(二)课前早准备

1. 整理学习资料

准备：九个试卷袋，标明九科科目名；一个小型订书机，将每一份试卷连同答案装订在一起，防止弄丢；一个收纳箱(大小以可以放在坐凳下为准，严禁放在过道，以免造成安全问题)，书籍需要分类放置。

课桌上只能放学习用品，书本不超过 5 本，留足空间给自己伏案写字。

不要携带计算器，不准使用计算器！

2. 用好“草稿本”

①每科一个草稿本，不混用；②在打草稿时要按照从上到下、从左

到右的书写要求，要分区、要标明题号，依次排列，字迹清楚、规范；③注意保留用过的草稿本，常看常反思，上面的解题思路能助我们更快找到学习该科的方法，它也是考试备考的重要复习资料。

二、课堂

（一）专注听讲

1. 清理课桌。除了与当堂课有关的书本、资料和文具外，其他东西都撤除。

2. 保持眼、耳、手的一致性。眼睛要专注于黑板或课件，耳朵只听老师讲的内容，手随时记下课堂的重点和难点。不想与课堂内容无关的事情。

3. 如果发现自己有开小差的迹象，就用笔在书本或者笔记本上记录课堂要点，把思绪拉回课堂。

（二）巧记笔记

1. 笔记可在笔记本或书本上记录，也可将二者结合起来。主要记录老师强调的重点、补充内容以及自己需要加强的部分，如疑点、解题技巧、思路及方法、总结等。

2. 高效地记课堂笔记

简记与速记：文字精简记录法、符号记录法、颜色记录法、批语记录法。

详记：以句为单位，听完整之后才开始记录。

（三）用好“黄金三十秒”

1. 当老师说“下课”的时候，继续保持坐姿，静心思考三十秒。

2. 再看一眼老师的板书和自己记录的笔记，迅速浏览试卷或草稿纸上的内容，大脑要飞快运转，重点思考三个问题：这节课的主要内容及重点知识有哪些？与前几节课有什么关联？还有哪些内容不是很懂？用“关键词”迅速记录在笔记本上，提醒自己课后再思考。

三、课后

(一)利用课堂笔记系统构建知识体系

1. 概念辐射式

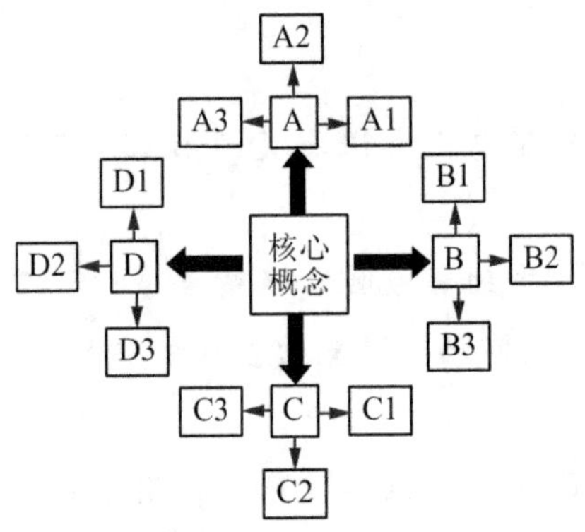

图 1-5 概念辐射式知识体系示意图

2. 逻辑递进式

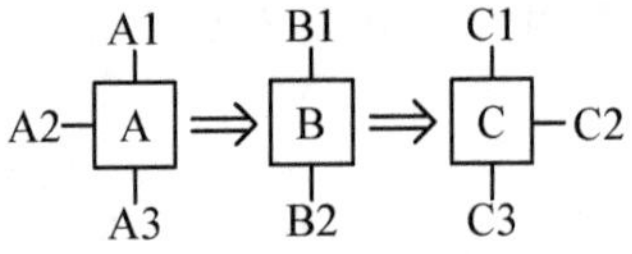

A1 B1 C1

A2—A ⇒ B ⇒ C—C2

A3 B2 C3

图 1-6 逻辑递进式知识体系示意图

3. 点线提纲式

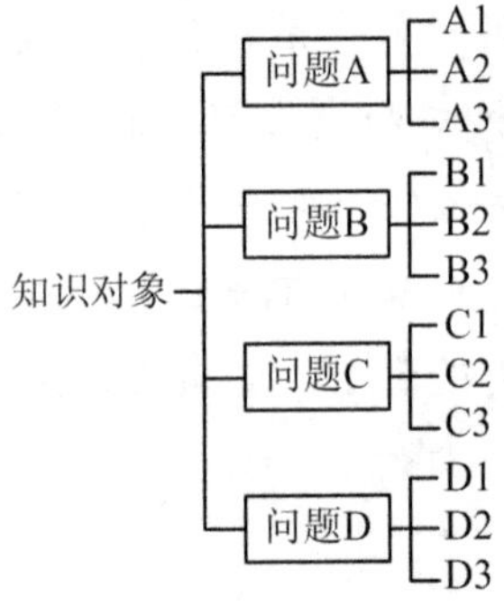

图 1-7 点线提纲式知识体系示意图

（二）利用错题本查漏补缺

1. 准备一本厚活页笔记本；2. 分科整理；3. 每一题标好题号与类型；4. 用不同颜色的笔标注错题；5. 有选择地摘录错题；6. 分析错题考点，把错题本和课本联系起来；7. 分析出现错误的原因；8. 定期回顾错题并进行筛选。

（三）利用作业巩固所学

1. 做作业前可先复习一下当天学过的内容；2. 先做好作业时间规划，做完一科作业，再做下一科，不翻看课本等资料，把作业当成是考试，限时、独立完成，力求高效率，绝不拖拉；3. 不贪做太难的偏题、怪题；4. 整理错题到错题本上；5. 晚自习如果有问题，可把这些问题记下来，等中间休息时再问老师或者同学，如果作业太多可先做适合自己、能提高自己水平的题。

（四）零散时间好好利用

1. 早读前、课间休息、等待跑操时、午休前、晚自修前等都是零散时间；2. 记忆零散的知识：英语单词和语法，语文的成语、文化常识、诗词等基础知识，数学公式，地名、年代……把这些零碎的知识写在本子上，随带随记；3. 整理资料，收拾用具，整理学习环境，有次序地整理教科书、笔记本，清理文具等。

（五）善用、慎用“参考答案”

1. 规划好做题时间，集中注意力做完作业后，再对照“参考答案”核对答案，不论题目做对做错都需核对；2. 思考题目要考查的知识要点、出题角度、解题策略、答题方法等；3. 核对完答案，可以及时把做错的题整理到错题本上；4. 遇到实在没有思路的题，可先看看答案，对照答案仔细推演，再合上答案把题做一遍；5. 切勿照抄“参考答案”！

（六）做到勤问与善问

学问学问，学要肯问，学要勤问。“勤问”不等于有疑就问，须经反复思考，实在不懂再去求助他人，这才是“善问”。“善问”，就是要求思考并找出问题的症结，在提问时能准确描述思考过程，让老师知道你的思维漏洞，以高效解决问题。随身带一个记事本，记下无意间产生的问题或灵感。

图 1-8　胡展航校长为番禺区十佳班主任、
番禺区名班主任工作室主持人初丹老师(右)颁奖

三、提供学习平台，培养学生自主学习能力

《中国学生发展核心素养》提出“自主性是人作为主体的根本属性。自主发展，重在强调能有效管理自己的学习和生活，认识和发现自我价值，发掘自身潜力，有效应对复杂多变的环境，成就出彩人生，发展成为有明确人生方向、有生活品质的人”。其中对于学会学习的定义是“学生在学习意识形成、学习方式方法选择、学习进程评估调控等方面的综合表现。具体包括乐学善学、勤于反思、信息意识等基本要点”。

为培养学生的自主学习能力，让学生学会学习，我所在的广东番禺中学开展了一系列的自主学习指导活动。例如，学校邀请中山大学谢有顺教授做客番中论坛，为学校师生作了题为“文学中的人生领悟”的讲座。讲座过程中，谢有顺教授时而娓娓道来，时而慷慨激昂，时而旁征博引，讲得妙趣横生，不时引来台下师生们的热烈掌声。学校也邀请了华东师范大学心理与认知科学学院副院长、教授、博士生导师庞维国教授到校开展“自主学习”专题讲座，庞教授围绕“自主学习的个人价值”“何为自主学习”“我自己能学好吗”等方面的问题，进行了深入浅出的讲解。学校还邀请了李威老师为同学们开展“教你轻松学习记忆法”主题讲座。讲座过程中，李威老师以 1 组数据、2 组照片、3 个过程、4 个规律、5 种方法、6 大能力等主要内容贯穿讲座过程，把记忆的特点、记忆的次数限制、记忆的数量限制、记忆的规律、科学的记忆方法阐释得淋漓尽致。在“科学家进名校”的科普讲座中，著名天体物理学家诺姆·索克教授作了题为“化学元素的起源”全英文主题讲座，为同学们讲述了如何在宇宙中探究化学元素的来源与形成过程，并具体阐述了宇宙大爆炸所产生的氢、氦等元素及星体爆炸过程所产生的铁、金等元素的形成过程和机理。学生们深深敬佩于诺姆·索克教授的渊博知识和科学精神，讲座后与其进行了深入探讨和交流，久久不愿离去。系列讲座的举办，给予学生不少启发，让他们收获满满！

图 1-9　“番中论坛”邀请天体物理学家诺姆·索克为师生们开讲

图 1-10 诺姆·索克教授在讲座后为师生解答物理学疑问

“勤于学，敏于思，促于精进。”我认为，校长首先应该是一名孜孜不倦的终身学习者。一位长期关注我的教育专家曾给出这样的评价：

做让学校有灵魂的校长

许多学校有豪华的建筑、现代的配套，但往往不一定有灵魂，或者不一定有能赋予学校灵魂的校长。教育的本质，是要求办有灵魂的学校，胡展航校长始终以此为自己的办学信仰。他坚信，校长与教育联系的纽带是书籍。20 多年来，胡校长坚持读书，勤于思考。他最珍惜每晚的 1 小时读书学习时间，在这时放下行政事务，摒弃一切杂念，让自己变得敏感起来：或者畅游网络，浏览资讯，了解天下教育大势，以他山之石攻我之玉；或者潜心书本，与先哲对话，与时贤共语，广泛涉猎教育学、哲学、社会学；或者索性学习“禅定”，重新整理盘旋不去的思绪，让躁动的心冷静下来，问一问自己怎样做到更好。

除了坚持读书，胡校长还广交学术界朋友，积极参加各种学术交流活动以及教育考察，追踪当代教育领军人物，用这些积累丰富自己的思想并将之落实到具体实践中，始终保持与先进者同步。

来到广东番禺中学，胡校长所承受的不仅有让学校持续发展的压力，更有让他再上一层楼的精神负荷。如何增强学校的综合实力和核心竞争力，向社会呈交一幅教育新图景，也是他所面临的一个艰巨课题。即将全面铺开的高中新课程改革首先是对校长经验和理念的双重考验。这些挑战前所未有，一定有很多困惑和苦恼，但作为一个甘当教育事业探路者的校长，胡校长经常说，不学习，怎堪当大任？

第三节　知行合一：审于知，尚于行，达于跃迁

关于“知行合一”，《古文尚书·说命》云：“非知之艰，行之惟艰。”《礼记·中庸》云：“好学近乎知，力行近乎仁，知耻近乎勇。知斯三者，则知所以修身；知所以修身，则知所以治人；知所以治人，则知所以治天下国家矣。”王阳明说：“知者行之始，行者知之成。”黄宗羲强调“致字即是行字”“必以力行为工夫”。王夫之则提出了“行可兼知，而知不可兼行”“知行相资以为用”等论断。

“知行合一”是一种伦理政治学说。与西方知识论意义上的知行观根本不同，它本质上讨论的是伦理与政治的关系，更重视德性之知与伦理之行，而非纯粹意义上的知识之知与实践之行。但知行合一、力行实践的精神为我们提供了一种科学务实的思维方法和精神动力，就是理论与实践相统一。它对于当前学生的思想品德教育具有启示作用。通过“致良知”“知行合一”，可以提升广大师生的道德人文素质，推进中华优秀传统文化的传承发展，促进“人文化成”。

一、“培育现代君子”的价值追求

（一）德育浸润，兼善天下

我在二师附中任职时，以“培育现代君子”为办学理念，以大学资源为依托，以科学发展观为引领，以改革创新为动力，重点抓好学校发展的六大工程，即现代学校制度建设工程、教师队伍建设工程、教学质量提升工程、学校特色创建工程、综合素质发展工程和学校文化建设工

程，按照协同式创新、内涵式发展和跨越式提升的战略思路，为把学生培养成为"情怀高尚、自强不息、勇于担当"的现代君子奠定基础，为把二师附中快速打造成一所兼具人文性、实验性与示范性的现代学校努力奋斗。学校坚持以特色铸造学校教育品牌，坚持走擦亮学科品牌之路，以体育、艺术为特色，彰显学生个性特长；推进智慧校园建设，建立在线课堂、开展电子书包项目实验，形成开放、互动、共享的教育教学新模式。同时，以"培育现代君子"的办学理念为根基，以"学为君子，兼善天下"为宗旨，开发"美丽人生"系列特色课程体系。

后来，学校确立了"学为君子，兼善天下"的校训，力求塑造"自强不息、勇于担当、开放合作、实践创新"的品格，形成"立品乐学，善思明辨"的学风和"有教无类，乐教善导"的教风。

(二)培育现代君子的行为文化体系

1. 推进现代学校制度建设，以制度文化保障学校文化的实施

建设学校文化体系，首先应推进制度建设。为此，二师附中立足于国家、地区教育发展规划，依托学校中长期发展规划，明确学校近五年发展规划；构建新型政校关系，学校积极探索理事会领导下的校长负责制；尝试设立学校领导、教师代表、学生代表、家长代表四个群体共同参与的学校管理平台，创建多元主体治理机制，积极推进学校治理体系和治理能力的现代化；制定权力清单和权力负清单，完善管理流程；完善评价机制——学分制；完善人事制度、教育教学工作制度、学生工作制度、后勤工作制度、学校档案文书制度等制度体系，以制度来保障附中人自强不息、勇于担当、开放合作、实践创新等品质的形成。

2. 打造现代君子管理队伍和后勤服务队伍

学校领导班子是学校的中枢神经，是学校发展的重要要素。加强领导班子建设，提高领导班子的领导力和中层的执行力，是促进学校文化建设健康发展的关键。后勤服务是学校发展的重要保障，打造具有现代君子风范的后勤服务队伍，是学校文化建设的重要一环。

每次换届后的行政队伍，都是一支充满活力但也缺乏经验的队伍。为了打造好这支队伍，我提倡“辛苦不抱怨，分工不分家，补台不拆台”，强调责任意识、大局意识、管理意识、服务意识、团结意识，进一步规范各项运作流程，在制度上实行行政组考核，工作上严格要求、悉心指导，学习上加大培训力度。既给他们任务、教他们方法，也给他们信任和支持。带领他们多次走进课堂，走近教师，了解教师教学的优点并指出其不足。在我的指导和影响下，一支能干事、愿干事、能干成事的干部队伍正在茁壮成长，为学校的可持续发展奠定了良好的基础。

3. 构建渗透现代君子内涵的分层分类的教师发展与评价体系

学校充分发挥大学附中的优势，借力广东第二师范学院的专家团队，加大师德培养力度，形成现代君子之师的师德培养方案与体系，促成具有“自强不息、勇于担当、开放合作、实践创新”等特质的君子之师的成长。同时，加大专业培养力度，形成现代君子之师的教师专业发展与评价的方案与体系，以提升君子之师的素养，扩大君子之师的影响力。

(三)立足国家课程的校本化开发，构建现代君子课程体系

1. 完善“培育现代君子，成就美丽人生”特色校本课程体系

学校立足于现有课程体系，紧扣现代君子核心品质，整体规划，完善“培育现代君子，成就美丽人生”特色校本课程体系。力争校本课程由粗放式管理走向精致化管理，凸显亮点。

2. 构建培育现代君子活动课程

在德育活动课程方面，学校推出礼仪文化课程，开展仪式教育，以班级、年级或学校为单位开展主题活动，完善心理特色课程和心理团辅工作，凸显心育特色。围绕现代君子内涵，积极开展社团活动、科技文化活动、课间活动、家校和社校联动活动。此外，将学科活动系类化、常态化，推出二师附中文化会展周及二师附中大讲坛等活动。紧扣办学理念，实现活动课程化、系列化、民主化，内化学校的核心价值为学生

的追求，既助力学生成长，也为社会培养优秀的现代君子。现在，围绕办学理念开展的活动越来越丰富，不少社团已成为番禺区品牌社团，先后有学生获得全国高中学生化学素质和实验能力竞赛二等奖等多个国家级奖项。

(四)以视觉文化为基础，打造开放兼容的物态环境

在校园建设方面，建立健全包括校徽、君子石刻等主题景观在内的二师附中视觉形象识别系统。学校着力打造了君子文化意象景观——“四君子园”(兰悦园、傲梅园、清竹坊、淡菊坛)，建立开放的二师附中校史馆、图书馆，创建开放的文化博览馆，建立师生活动作品展示长廊，还着手建设自强路、担当路、合作路、创新路等，以期时时刻刻提醒学生自觉做一个追求自强不息、勇于担当、开放合作、实践创新的现代君子。同时紧扣办学理念，打造主题突出的走廊文化、教室文化、办公室文化、宿舍区文化、活动区文化等，充分发挥人文景观作为学校隐性资源“润物细无声”的教育功效。在校园文化建设推进过程中，彰显现代君子特色的兰悦园、淡菊坛、清竹坊、傲梅园、净莲池、附中人家、开放式的校史馆等，不仅美化了学校，更承载着学校的教育理念，展现了学校的价值追求，于无声中给学生以美的熏陶，提升了学校的整体品位。

作为广东省为数不多的“省教育综合改革试点单位”，二师附中在现代制度建设方面积累的许多有益经验，为高等师范院校与地方政府合作办学提供了标本和示范，并逐步发挥辐射引领作用。学校通过课程设置、学科活动、社团等多种方式为学生多元、个性化发展搭建平台，激发学生的学习兴趣，培养学生的创新意识和探究精神，提升其综合素养。例如，开展梅兰竹菊文化意象的“赏、论、品”德育系列活动，开设礼仪文化课程；打造体现现代君子特色的学生社团，每年举办校园之星评比、才艺之星比赛、文艺汇演、校运会等活动；开展走进社区综合实践活动，引导学生走入“社会大课堂”；等等。目前，“科技文化艺术节”“读书节”“体育节”三节互动、异彩纷呈的局面彰显了学校鲜明的特色。

这些活动让学生在真实、开放的生命感受中积淀个体的成长经验，强化了他们的责任意识，为他们更好地走向社会奠定了良好的基础。

二、参与式教学成效显著

学校积极开展参与式课堂教学改革，改变传统的以教师为中心的教学模式，结合学生的实际情况综合运用并大胆创新，建构了一种既能发挥教师的主导作用又能充分体现学生认知主体作用的"233"新型教学模式，充分体现了"以生为本"的理念，彰显了对学生的人文关怀，目前已取得一定成效。

(一)班级管理模式的构建

现代心理学研究表明，高度自由、放松的氛围更易激发和调节思维的自由状态，认知结构便会得到相应的发展。学校大胆革新，全面推行班级特色文化建设，构建特色班级管理模式。其基本原则是引入竞争机制，依托小组文化建设，采用小组自我管理方式，实施小组捆绑式评价制度，进行班级分组管理。班级中的各小组在各自班级的管理理念下进行小组制度建设，从而实现自我管理。各班可自主创新，在班级名称、班级口号、班训、班风、整体布置等方面反映班级的精神文化特色和管理理念，如"极速航班"提出"高速、高效、高质"的班级口号等，把班级精神文化融入班级管理。特色班级管理模式的构建，有利于学生融入集体，增强班级凝聚力，激发学生参与学习、主动掌握知识的积极性。

(二)课堂的变化

参与式课堂教学改革把学生从诸多的限制中解放出来，课堂教学再不是以往的"填鸭式""满堂灌"教学，而是以学生为主体，教师起主导作用，以小组合作探究、小组自主展示等形式赋予学生独立思考、个性化理解、自由表达、质问、怀疑等的自由和权利。学生的解放，教材、教学过程的开放，使课堂教学呈现丰富性和多变性，充满了对智慧的挑战和对好奇心的满足，焕发了师生的生命活力。如火如荼的参与式课堂教学改革，极大地转变了教师的教学方式和学生的学习方式，不啻一场课堂教学的新革命。经过一年的寻觅，变化发生了，参与式课堂教学改革实验渐渐绽放出它迷人的风采。如今的学生，在课堂教学改革的大潮中，真正实现了“当家作主”、合作展示。过去学习中的“多余人”走上前台；“自渡者”击楫学海，用真实历练生成“生动知识”；许多“小先生”诲人不倦，在教人教己中智慧相长；众多“好舞伴”携手翩跹，在共生情境中体验“社会情感”。

(三)质量的提升

教学有法但无定法。在推行课堂教学改革的过程中，各备课组开设研讨课、观摩课、示范课，同时依托广东第二师范学院的专家资源，积极探索、善于反思、相互促进，教师自身专业获得较大发展，业务能力有了较大提升。同时，参与式课堂教学改革激发了学生积极求知、挑战困难的参与热情，树立了学生的学习自信心，学生的表达能力、实践能力等各方面能力也得到了发展，因此，学生的综合素质得到较大提高，在各种考试中成绩也有所进步。学生的学业成绩进步明显，学校高考成绩连年突破。2014 年，取得广州市高考第 25 名的好成绩。2015 年，学校实现重大突破，高考成绩全线超出区、市预测目标，综合加工能力在广州市 119 所普通高中中名列第 5，在番禺区排第 2 名。2016 年高考成绩再上一层楼，在获得广州市一等奖的学校中排第 4 名。2017 年高考重点大学上线 56 人，比 2016 年增加 25 人，本科上线 592 人，本科录取率首次超过 62%，比 2016 年增加 259 人，专科上线 963 人，100%考上大学。学校也先后获得广州市特色课程重点立项学校、广东省依法治校示范校、广东省篮球传统项目学校、广州市校园足球活动布局学校、广州市首批艺术重点基地学校、全国心理辅导特色学校、番禺区践行“上品教化”理念示范校、番禺区“廉洁文化进校园示范校”、番禺区“阳光评价示范校”、广州市先进单位等荣誉称号。伴随着系列成绩的取得，学校的美誉度日渐提升，影响力日渐扩大。

三、创新办学体制，引领薄弱学校

(一)创新体制，厘清学校发展思路

在学校管理改革创新方面，我充分利用“院地合作、共建共管、管办分离”的办学体制，创新“管办分离”的院地合作办学模式，建立以章程为根、以制度为框、以文化为脉的学校制度体系，形成职责明晰、运行协调、以人为本、以章为行的学校管理体制。实行理事会领导下的校长负责制，厘清了学校与办学单位的关系，学校实行自主管理；制定《学校章程》《学校中长期发展规划》《理事会章程》和《广东第二师范学院、番禺区教育局合作办学框架协议》，构成了二师附中依法办学、自主管理的基本纲领；加强现代学校制度建设，围绕依法办学、自主管理、民主监督、社会参与等要素，着手探索现代学校的民主决策机制、管理责任机制、监督制衡机制、参与合作机制、平等竞争机制。在健全学校理事会议事规则、发挥学校理事会决策作用的同时，二师附中进一步变革学校组织机构，建立完善现代学校主体结构：建立有教师、学生及家长代表参加的校务委员会，逐步完善民主决策程序；树立开放民主、科学高效的管理观，按照“精简、效能、统一”的原则，积极开展中层机构设置与聘任的改革，进一步完善校内机构设置，提高管理效益和服务水平；探索实施岗位问责机制，进一步明确各岗位的职责和工作要求；改革创新中层机构设置与聘任制度；成立社区人士、家长观摩团，随时到学校观摩各项教育教学活动，建言献策和指导工作。学校还积极推动课堂教学改革，实施“基于学生能力培养的参与式课堂教学改革”模式，倡导以学生自主、合作、互助、探究等方式主动建构知识，促进学生核心素养的形成和发展；构建学校大课程体系，以培养学生良好的审美情趣和人文素养为目标，以艺术教育为核心，以礼艺教育、心灵教育、科学教育、人文教育、人生教育以及国际视野教育为拓展，以美化德，以美启智，以美育体，以美塑人，满足不同潜质学生进一步发展的需要，提高学生综合素质。

(二)聚焦课题，探索学校发展路径

二师附中的发展，还有赖于我以工作室为载体，开展课题研究，探索学校发展路径的策略。近年来，工作室以课题研究为抓手，开展“院校合作视野下高中学校教师专业发展的实践研究”和“基于当代基础教育价值取向的学校变革研究”，为学校的内涵发展找准了支点。我所在的二师附中是番禺区政府与广东第二师范学院合作办学、共建共管的区唯一一所公办大学附中，广东第二师范学院利用其科研、人才、管理优势，在理论引领、资源共享和专业支撑优势等方面发挥作用。“院校合作视野下高中学校教师专业发展的实践研究”力图在传统的教师专业发展途径的基础上，在高等院校与普通高中合作办学的背景下，以全新的视角，从院校合作、教师领导力、教学反思力、教学伦理、班主任专业化、师德与教师专业发展的关系等方面探索教师专业发展的新途径、新方式，提升教师的专业素养。教师个体及群体专业化水平的提升，将直接惠及学生学业水平及学习力，而名师造就名校，以专业发展为支撑的高素质、专业化教师队伍必将推进学校的可持续发展。课题的研究有利于引领学校尽快冲破教师专业发展桎梏、提升教师专业化水平，为造就一支师德高尚、业务精湛、结构合理、充满活力的高素质、专业化教师队伍提供了绝佳契机。

此外，课题研究也为院校合作模式的高中学校教师专业发展提供了一种模式和范式，为高中学校教师队伍建设的新策略提供参考途径，具有辐射意义和示范效应。“基于当代基础教育价值取向的学校变革研究”的课题研究被分解为以下几个子课题：基于当代基础教育价值取向的学科建设研究，基于当代基础教育价值取向的特色课程体系重构研究，基于当代基础教育价值取向的德育个性化研究，基于当代基础教育价值取向的学校物态文化体系构建研究，基于当代基础教育价值取向的制度建设研究和基于当代基础教育价值取向的教师专业发展研究。课题从当代基础教育价值取向的视角透视当前学校存在的制约育人功能发挥的问题与经验，通过搜集相关的文献、实证材料，主要从课程、德育、文化、

制度和教师专业发展等方面开展研究，运用科学归纳的方法，不断梳理和完善学校变革机制，从不同路径提升学校办学水平，使基础教育学校在实施变革后，更充分地彰显当代基础教育的育人价值。

在番中，我立足时代改革的前沿，突出教学的实际问题，改革教学方法、课堂结构和教学手段，不断提高教学质量。还通过教育科研来整合学校多项改革，形成依靠教育科研保障学校持续自我发展的机制。学校与部分高校、知名教育专家、名师联合，采取“请进来”与“走出去”相结合的办法，更新教育观念，提高师资水平。同时，实施校内教师自培工程，强化激励导向机制，弘扬教书育人先进典型，对育人成果显著的教师要表彰、奖励，形成有利于教师自我发展的管理机制。

图 1-11　2018 年 11 月，番禺区深化“研学后教”课堂教学现场会暨广东番禺中学对外教学开放日活动

一年来，学校推荐了数位南粤优秀教育工作者、南粤优秀教师和特级教师，还推送了两位优秀教师参评“当代教师风采微视频征集”活动，制作的专题片分别为《活力课堂、活力人生》和《我为梦想创造可能》。学校成立“广东省曾敏党代表工作室”；“当代教师风采——彭琴”微视频作品在

教育部组织的当代教师风采微视频展播评选活动中入围，并在教育部官网展播；陈景华老师被评为“2018 感动广州的教师”。“番中论坛”邀请多位国内外知名学者、教授、专家为学生上课，开拓了师生的视野，培养了他们的科学、人文兴趣，使学校的学术探究氛围更加浓郁。

图 1-12　胡展航校长为广东省特级教师彭琴(右一)、广东省南粤优秀教师汪秀梅(中)颁奖

(三)现场“诊断”，助力学校跨越发展

我多次赴工作室成员学校开展现场“诊断”工作。首批工作室成立以来，分别对来自粤东、粤西、粤北和珠三角地区的多所成员学校进行现场“诊断”，在充分讨论酝酿的基础上，结合实际情况梳理各成员校的办学特色，明确了各校创建特色学校的定位和努力方向。同时，工作室立足各成员学校的具体情况，采用个案分析、跟踪辅导、集体研讨的方法，积极落实各成员学校的改进策略和实施情况，力求及时解决实际问题。在工作室团队的共同努力下，工作室培养对象凝聚教育智慧，提升了自身解决问题的能力，其所在学校也不同程度地取得较大进步。其中，在首批校长工作室团队的引领下，广东仲元中学除了在现代学校管理制度方面有所创新，其课堂教学改革也已然成为区域教育的领头羊；

鹤山市职业技术学校高级中学创新德育管理模式，打造特色项目，收益甚大；谢易初中学注重教师队伍建设，在课改方面独有建树；普宁华侨中学依托“侨”文化，通过文化引领、制度创新、队伍建设、体制改革、资源配置等措施，把学校建设成具有一定品牌影响和区域示范效应的现代化优质普通高中。此外，在第二批校长工作室的成员学校中，我重点在韶关市始兴县风度中学开展现场“诊断”工作，通过校园走访、听取报告、课堂“把脉”、分组座谈等方式，全方位、多角度地对风度中学的教学、德育、社会声誉等方面进行深度剖析、横向把脉。在最后的学校发展诊断意见反馈会中，我发表了个人意见，勉励风度中学全体行政干部深挖“风度”文化、大做“风度”文章，在“风度”文化的引领下，培养真正有“风度”的人。我还从学校发展定位、制度建设、教师成长、全面育人、课堂改革等方面为学校的可持续发展提出了几点意见。我强调，教育是面向全体、尊重差异，是不抛弃、不放弃的民生工程，在依法办学的前提下，应以“大教育”的视野关注学生的发展，助力教师的成长，推进学校的跨越式、内涵化发展。

图 1-13　胡展航校长带领广东省名校长工作室成员前往风度中学进行专家“诊断”

(四)引入走出，发挥示范辐射作用

为了充分发挥学校的示范、引领、辐射作用，我以身作则，将先进教育思想带到各地，同时热情接待各方来校学习交流，发挥了榜样示范作用。2015 年以来，相继接待广东省第十四期高中校长高级研修班，汕头市中学校长任职资格培训班(两批)，广东省中小学骨干校长班，广东省 2017 年普通高中学校校长能力提升培训班，河源市东源附城中学，美国斯特艾特高中、纳蒂克高中，广东省 2017 年中小学骨干校长高级研修项目，广州市卓越中小学校长促进工程班，广东省 2018 年粤东西北地区高中学校校长能力提升项目，广东省 2018 年普通高中校长任职资格培训班的领导和学员，以及新会区区政府和教育局领导，香港姊妹学校——明爱屯门马登基金中学部分领导和教师，揭阳市榕城教育实验区的领导和教师等到二师附中和广东番禺中学学习和交流，并开展专题讲座。例如，代表广东省骨干教师作题为“数学教学中‘小组合作学习’的误区与对策”的专题报告、2018 年在贵州赫章和威宁作“现代学校制度建设”的讲座，2018 年面向汕头市金平区全体中小学校长和中层正职干部作“学校发展规划：问题与反思”专题讲座等。作为广东省政府督学、教学评估专家，我积极为广大中小学学校、骨干校长、教师提供学校管理和教育教学方面的培训和指导，尤其促进了工作室培养对象所在学校及其区域的教育可持续发展。

图 1-14　2018 年 11 月，广东省中小学名校长胡展航校长工作室举行开班仪式

图 1-15 2018 年 11 月，广东省名校长工作室成果提炼第二次指导活动

图 1-16 2018 年 12 月，胡展航名校长工作室在汕头东厦中学开展 2018 年度第二次送教下基层活动

图 1-17　2018 年 11 月，胡展航名校长工作室在番禺区石碁中学开展 2018 年入室研修活动

(五)探索集团式办学模式，打造创新改革新引擎

为落实番禺区 2018 年教育工作会议提出的“组建广东番禺中学教育集团，不断探索集团化办学的有效途径，充分发挥示范性高中的辐射作用，将广东番禺中学打造成教育理念创新的策源地，形成经验，成为教育改革创新的引擎”的指示精神，我积极探索集团式办学新模式。

小学实施以培养学生核心素养为目标的“全课程”。结合当地实际，努力实现课程本土化。让孩子拥有幸福的童年生活，让孩子沿着“全人”的方向健康成长，让校园生活充满惊喜和期盼。

初中部开设“创新实验”课程。创新实验课程的建设，与社会生活、科学技术发展接轨，不仅满足了学生理论学习和动手实践相结合的需求，让学生在创意中实现自我，更凸显了自主学习、个性学习的特点，呈现团队学习、合作学习的风格。

高中学段引入“学生发展生涯指导项目”，培养创新型人才。高中学生发展指导项目以人为本，以学生为中心，以促进学生全面健康发展为主、预防矫正为辅；尊重学生的独特性，考虑学生在理想、心理、学业、生活和生涯等方面的个性化需求。

筹建国际部。通过国际化办学，学习他人前沿的理念、丰富的办学经验，为番中未来的发展提供宝贵的财富。番中将围绕国际化办学理念，构建多元化的国际项目课程，建立教学管理及师资培训机制，建设一支高水平的师资队伍，为培养具有国际竞争力人才奠定基础。

图 1-18　番禺区政协副主席、区教育局局长冯润胜同志向教育部基础教育司马嘉宾副司长介绍广东番禺中学集团化办学状况

第二章 办学追求
——“一切教育的最终目的是形成人格”

《国家中长期教育改革和发展规划纲要(2010—2020年)》中指出,坚持以人为本、全面实施素质教育是教育改革发展的战略主题,是贯彻党的教育方针的时代要求,其核心是解决好培养什么人、怎样培养人的重大问题,重点是面向全体学生、促进学生全面发展,着力提高学生服务国家、服务人民的社会责任感、勇于探索的创新精神和善于解决问题的实践能力。我始终认为,在学校管理中应秉持“以人为本、贴近生活、追求卓越”的教育理念,达成“一切教育的最终目的是形成人格”的办学追求。在这样的教育理念下,我提出,作为人应有兼善天下的情怀,作为学校要有兼善天下的胸襟气度,秉承传统与现代的结合、中国与世界的结合,陶冶“文化归属、国际理解”的现代情怀,贯穿开放兼容、博纳精华的精神,主张学校和个人都应该具备兼容天下的精神价值。由此方能办出融传统与现代、民族与世界于一体的学校,才能培养出“德才兼备、学贯中西”的君子通才。

第一节 国际理解:让学生认识世界

2017年1月18日,习近平总书记在联合国日内瓦总部演讲时,谈到了对世界未来的描绘:“让和平的薪火代代相传,让发展的动力源源不断，让文明的光芒熠熠生辉，是各国人民的期待，也是我们这一代政治家应有的担当。中国方案是：构建人类命运共同体，实现共赢共享。”①教育是个体社会化的过程，在这个过程中，文化是个体社会化的重要影响因素。在国际化的大背景下，对文化的传承，必须要有更宽广的视角。让学生认识世界，理解不同文化，理解传统中国与当代世界不同文化的关系及其兼容性，对于内化学生修养，外化学生行为，共同构建人类命运共同体具有重要的意义。

一、把握时代脉搏，传承中华优秀传统文化

习近平同志在中央党校建校80周年庆祝大会暨2013年春季学期开学典礼上的讲话中提到：“中国传统文化博大精深，学习和掌握其中的各种思想精华，对树立正确的世界观、人生观、价值观很有益处。古人所说的‘先天下之忧而忧，后天下之乐而乐’的政治抱负，‘位卑未敢忘忧国’‘苟利国家生死以，岂因祸福避趋之’的报国情怀，‘富贵不能淫，贫贱不能移，威武不能屈’的浩然正气，‘人生自古谁无死，留取丹心照汗青’‘鞠躬尽瘁，死而后已’的献身精神等，都体现了中华民族的优秀传统文化和民族精神，我们都应该继承和发扬。”②中华文化历经千年，熠熠闪光，生生不息，属于中华民族的优秀传统文化是所有人都能接受的，也是最具凝聚力的。

传承发展中华优秀传统文化是增强文化自信的需要，是提高国家文化软实力的需要。我从大处着眼，认为学校教育若能开掘深厚的人文意蕴和文化品格，把优秀传统文化与社会热点相契合，将会更好地诠释中华优秀文化和传统美德的丰富内涵。当下中华文化的发展面貌与发展格局——面向世界，面向时代，面向未来，让中华文化的姿态更加积极、

① 习近平：《共同构建人类命运共同体——在联合国日内瓦总部的演讲》，http://politics.people.com.cn/n1/2017/0119/c1001-29033860.html，访问日期：2021-03-08。

② 习近平：《在中央党校建校80周年庆祝大会暨2013年春季学期开学典礼上的讲话(2013年3月1日)》，9页，北京，人民出版社，2013。

开放，越发自信、从容。

二、具备国际视野，关注世界的现状与发展变化

《国家中长期教育改革和发展规划纲要(2010—2020年)》中提到，要“加强国际交流与合作。坚持以开放促改革、促发展。开展多层次、宽领域的教育交流与合作，提高我国教育国际化水平。借鉴国际上先进的教育理念和教育经验，促进我国教育改革发展，提升我国教育的国际地位、影响力和竞争力。适应国家经济社会对外开放的要求，培养大批具有国际视野、通晓国际规则、能够参与国际事务和国际竞争的国际化人才”。

当前的教育需要以开阔的、全球性的、现代化的教育理念实施教育。开放的中国需要大批具有国际视野、国际胸怀、国际交流能力的国际化人才。

基础教育应该加强国际理解教育，努力造就具有国际视野、能够主导与引领世界和谐发展、在全球事务中具有话语权的中国公民。基于这一理念，我主张通过丰富多彩的活动，如对外交流、研学旅行、模拟联合国等社团活动，拓宽学生视野，培养学生的国际思维。

现代教育的价值之一，就是培养具备现代公民素质、具备历史纵深感与国际视野，并懂得尊严、使命和人生价值的人。中学时期不仅是一个人重要的身体发育期，也是重要的精神发育期。在此期间，应指导学生强化自身的公民意识(包括参与意识、监督意识、责任意识、法律意识)，指引学生结合中外历史事件表达自己对“民主意识”“规则意识”的看法和见解。学校应该通过论坛、讲座、读书会等形式，对自由、平等、公正等常识进行传播与积淀，并在组织活动过程中体现“规则制定民主”“实施过程民主”。

图 2-1　胡展航校长带队前往泰国潮州中学交流

三、个人和文化之间的理解：文化的兼容和互补、传承与创新

中西文化是两种不同类型的文化，两者各有所长，具有很强的互补性。著名英国哲学家和思想家罗素十分注重文化接触和互补的重要性，认识到每一种文化均有其长短，不同文化之间的交流和借鉴是促进人类文化发展的重要因素。欧洲国家和中国都曾建立了辉煌的古代文明，如果拿来比较的话，从春秋时期开始，中国在生活水平、科技、教育、政治等方面都一路领先。但是自明代以来，中国在科学技术上的发展急剧落后于西方各国。究其原因，是当时落后的生产方式和狭隘保守的思维方式制约了中国古代科学技术的发展。而西方国家追求科学知识、崇尚理性的风气，促进了商业文化的发展，这为西方国家科学技术的发展提供了有利的经济基础和思想条件。如今，我们应博览群书、开阔视野，理性地分析和看待中西方文化的不同。

文化具有累积性、传播性和传承性。世界各民族的文化，有相当一部分是通过传播和交流的方式而引进的，不受一切语言、地理环境的阻碍与隔阂。比如，自然科学一旦有新的原理发现，便马上传遍世界各地；科学技术一旦有新的发明和创造，立刻为全世界所接受和采用。

加强对话，相互尊重，彼此认同，充分理解，平等合作，和谐相处，是世界各民族之间的相处之道。文化具有相对性，每一种文化都是适应自然和社会环境的产物，一切文化都有其内在的独特价值，不应脱离历史和社会环境评价某种文化之优劣。无论哪一个民族，都应尊重文化的差异性和多样性，既尊重自己的文化，也尊重他人的文化。我们既要欣赏东方文明之美及其伟大贡献，也要欣赏西方文明之美及其历史价值；既要继承东方的智慧，也要吸收西方的智慧。

四、学会与不同文化、不同群体相处

有学者认为，人类所有重大的成就都是合作的结果，人类漫长的历史就是合作本性的最好证明。竞争中的“双赢”智慧，在现代社会中尤为重要。竞争的目的是提高自己，在竞争的过程中与对手交流、切磋，砥砺以求共同发展的过程。

在道德价值的坐标体系中，坐标的原点是“我”，我与他人，我与社会，我与自然，一切的关系都是由主体“我”发射的。故而应以自尊为起点，进而尊重他人、社会，在自己与他人、社会的相互尊重以及与自然的和谐共处中，追求生命的意义，展现、发展自己的独立人格。

与人相处是人的生存需要，没有一个人愿意同其他人隔绝。人们都害怕孤独，愿意与他人在一起，从而满足心理及生理的需要。人存在于社会中，总要与他人发生联系，彼此交流消息、知识、经验、思想和情感。如今，全球性的合作、人与人之间的相互依存，已经成为一个越来越突出的课题。自我与他人之间、群体与民族之间、国家与世界之间，能否友好地相处已经决定性地影响着整个世界的进程。大至世界各国、各民族，小至个人，都在关心与他人的关系，不断地谋求与人的相处之道。

我从汕头市潮阳第一中学调到广州工作，离开了生活和工作了几十年的故乡，却依然对异地的生活和工作充满热情、游刃有余，这离不开我善于与人相处的能力。我常常说：“学会相处，是一门艺术。”学会相处，首先要有一颗真诚的心，其次还要有一双发现美的眼睛、一份容人的肚量、一段适宜的距离和一种奉献的精神。美国社会学家霍曼斯认为，任何人际关系，其本质都是一种交换关系。人们在交换过程中，付出的是成本，获得的是报酬，报酬减去成本就是交往的利润。这种成本、报酬、利润可以是物质的，也可以是精神的。人的情感因对利润的评价不同而产生差异，当利润呈正值时，评价积极肯定，就会产生亲切友好的积极情感；利润呈负值时，评价消极否定，则会产生嫌恶憎恨的消极情感。

对于青少年而言，学会与人共处合作是人生的必修课。假如把人生比作船，要达到成功的彼岸，离不开以下四个要素：和谐相处是大海，良性竞争是原动力，成功合作是加速器，有效沟通是润滑剂。在中学阶段，矛盾主要源于与长辈的关系处理。其实彼此之间都懂得，“爱”是必然的，但是青少年心理的特性以及所处的社会环境、媒介舆论等氛围，在很大程度上影响了青少年与长辈之间的良好相处。作为青少年，要正确与父母、师长相处，其实可以从以下一些方面着手：一是端正态度，不要刻意将自己与父母的矛盾“放大”，怀着真诚和包容的态度与父母相处。学会倾听和悦纳他人对于事物的不同看法，承认他人想法或观点的合理性。二是换位思考，在每次想对父母发火或认为父母不可理喻时，站在他们的角度考虑一下，而且在这个过程中，要学会控制情绪。这也像学习一样，需要训练，需要时间习惯和熟悉，若能够长期坚持，则会使自己心智成熟很多。最重要的是，父母如果知道孩子站在他们的角度考虑问题，也会发自肺腑地感到欣慰。三是把握时机，主动沟通。很多时候青少年与父母的交流会因各种原因中断或不欢而终，但关键在于，我们不能因为谈话失败而对谈话产生恐惧感或排斥感，应该不断尝试积极而有效的对话或者通过书信等其他方式，让父母、师长们知道我们在想什么、我们要做什么、我们要怎么做等。相信通过真诚而有效的沟通，父母会进一步理解你，并且感受到孩子们对父母的信任和尊重。四是寻找伙伴，传递信息。我们经常说谈话需要寻找时机，有的时候也需要找协助沟通的“中介”。不与父母直接见面，由“中介”转达，既可以为孩子和父母提供一个缓冲的余地，也更有利于完整表达自己的情绪及想法。五是巧妙利用“介质”，即父母熟悉的事物如电影、微博等，找双方都熟悉的话题，使介质成为生活的润滑剂，寻找共同语言，增加生活中的乐趣，并有可能成为矛盾激化后的“修复器”。六是付诸实际行动，理解是必要的，但并不是万能的，理解着并实践着，方能真正敞开心扉，与父母师长友好相处。

【小故事】

我和篮球小子们

番禺中学体育健康教育工作突出，体育项目众多，有很多品牌项目，篮球(男女篮)、啦啦操、田径、足球在区、市、省乃至全国都非常有名，获奖无数。特别是篮球项目，更是番禺中学的一面旗帜，学校也因此成为目前广州市唯一的一所国家级篮球传统项目学校。学校很重视体育运动的发展，这既是一个传统，也是强健学生体魄的重要途径。

广州市高中篮球联赛是瞩目于广州的一项赛事，尤其是高中男子篮球联赛，更是吸引了众多学生、社会人士的眼球。近几年，这项赛事都由某著名体育品牌赞助举行，也有很好的社会效应。番中男子篮球队在几年的比赛中都进入了最后的决赛，决赛都是对阵老对手广东省实验中学。应该说，一所区级的学校能够与一所省级的顶尖高中抗衡，也是非常值得庆贺的。在过去的四年中，番中男子篮球队获得了一次冠军和两次亚军，今年又进入了决赛，对手还是省实。

每年决赛前，主办方都会安排进入前四强的队伍在学校举行誓师大会，今年也不例外。按道理说，誓师大会是应该的，给篮球队壮行也是正常的。但是随着近几年这项比赛热度的不断提升，商业渗透的味道也越来越浓，去年的誓师大会上，居然有人把跑车开进了校园。这种做法，究竟给学生传递了怎样的信息？这对正处于人生观、价值观形成时期的未成年人会造成怎样的认知？为此，当体育科组向我提出要在全校升旗礼上举行篮球队出征誓师大会时，我提出了我的思考，并提议他们在篮球馆举行誓师活动，安排300名左右的啦啦队的同学一起助威。体育科组和篮球队的孩子们一时接受不了这个事实，特别是与其他几支队伍比较后，更觉失落。不仅是篮球队的孩子们，其他学生也觉得很没劲。其实孩子们不知道，我比他们更紧张，每次比赛，我都不敢好好地看完整场，总是匆匆待几分钟就出来了。

2018年4月，总决赛的日子终于来了，球队在经历了艰苦的战斗后，终于取得了高中篮球联赛广州赛区总冠军的殊荣。主教练陈景华老师在赛场上与篮球小子们相拥哭泣。三年了，冠军总算又回到了番中的怀抱。竞技体育是残酷的，而其中所呈现的意志品质才是我们应该追求的。总决赛是在周日晚上进行的，比赛结束后，我马上安排德育处和总务处，在第二天周一的升旗礼上为篮球小子们安排一场隆重的学校颁奖仪式。

冒着小雨，教练和篮球小子们踩着红地毯跑向主席台，再一次从校长手中接过奖杯。当他们戴上奖牌、手捧鲜花时，场下师生掌声雷动。这种为荣誉而战的勇气和意志在全校师生心中留下了不可磨灭的印记。随后，作为冠军队伍的我们，参加了全国巅峰赛的对决，最终篮球小子们取得了全国第四的好成绩。至此，篮球小子们终于明白了学校的良苦用心。

教育的内涵是丰富的，我们不仅要助力孩子们学业上、生活上能力的提升，更要关注、引导他们人生观、价值观的形成，用我们的行动、用我们的实践，让学生体会到学校师长对他们殷切的期盼。

世上缺乏的不是美，而是发现美的眼睛，带着审美的心情，带着欣赏的眼光，我们总会在平凡中发现美。

图 2-2　番禺中学男子篮球队在高中篮球联赛
广州赛区决赛勇夺冠军

图 2-3　2018 年 12 月 28 日，番禺中学庆祝建校 30 周年文艺晚会

第二节 现代君子：道德礼仪与公德心的展现和培养

党的十九大报告中说：“青年兴则国家兴，青年强则国家强。青年一代有理想、有本领、有担当，国家就有前途，民族就有希望。中国梦是历史的、现实的，也是未来的；是我们这一代的，更是青年一代的。中华民族伟大复兴的中国梦终将在一代代青年的接力奋斗中变为现实。”而莘莘学子要担负起民族伟大复兴的重任，实现火红的青春梦和伟大的中国梦，必须培养美丽人格，争做现代君子，塑造美丽人生，必须具备“学为君子，兼善天下”的高尚情怀和基本素养。

一、培育现代君子，设立“美丽人生”特色课程

《教育部关于深化基础教育课程改革 进一步推进素质教育的意见》(教基二[2010]3 号)提出，以“三个面向”为指导，构建体现先进教育思想理念的、开放兼容的基础教育课程体系，全面提升学生的科学、人文素养。突出对学生社会责任感、创新精神和实践能力的培养。

党的十九大报告明确提出：“建设教育强国是中华民族伟大复兴的基础工程，必须把教育事业放在优先位置，深化教育改革，加快教育现代化，办好人民满意的教育。要全面贯彻党的教育方针，落实立德树人根本任务，发展素质教育，推进教育公平，培养德智体美全面发展的社会主义建设者和接班人。”在教育教学实践中践行党和国家对教育的要求，需要结合学校工作的实际，植根学校的办学理念与文化血脉，遵循国家的治国理念与教育追求。

我在二师附中坚持以“学为君子，兼善天下”为宗旨，开发美丽人生系列特色课程，以培养学生良好的审美情趣和人文素养为目标，以艺术教育为核心，以礼艺教育、心灵教育、科学教育、人文教育、人生教育以及国际视野教育为拓展，以美化德，以美启智，以美育体，以美塑人，引领学生陶冶君子品格，规划美丽未来。丰厚学生艺术底蕴、张扬学生个性、满足不同潜质学生进一步发展的需要，提高学生综合素质，

从而培养现代君子，塑造美丽人生，为建设美丽中国奠定坚实的人格底座和深厚的人文根基。

“君子”是儒家思想以及中国文化的重要概念，其精神风貌就是重义轻利、胸怀坦荡、反躬求己、知行并进、自强不息。我认为，“学为君子”即以君子的标准要求自己。二师附中培育的不是一般意义的“古君子”，也不同于英国的“绅士”，而是“现代君子”。“现代君子”是指具备传统君子的优秀风范和体现与时俱进的时代气息的人，特别突出温文尔雅、胸怀坦荡，以义统利、天下为任，学术并重、知行合一，开放合作、自强不息的品格；更加彰显情怀高尚、自强不息、勇于担当的价值追求。因此，学校全面实施“君子教化”，化育学生要学为君子，兼善天下，成为“愿干事、能干事、能干成事”并具备国际理解能力的优秀社会公民。

二、“培育现代君子”办学理念下的“美丽人生”的基本内涵

二师附中以“培育现代君子”为办学理念，从基本素养的六个主要维度，实施“君子教化”，陶冶自强不息、厚德载物的君子人格，熏染笃志、博学、知礼、重义、仁爱、向善的君子气质，培育诚信、公正、负责、担当的君子文化，引领全体师生成为融通古今、学贯中西、兼具中国灵魂和世界眼光的现代君子。

“现代君子”是一种理想人格，“美丽人生”则是一种理想的人生状态，“现代君子”的基本素养培育得愈充分，“美丽人生”的实现程度则亦愈加充分。作为特色课程的核心词汇，“美丽人生”具有什么样的基本内涵呢？

“美丽人生”是诗意的人生。一个人要既懂得尊重别人，也懂得尊重自己，温文尔雅，尚礼明理。同时应爱好艺术，使之成为人生的点缀。

“美丽人生”是乐观、向上的人生。一个人不但要有健康的体魄，还要有健康的心魄。只有内心丰富、强大，能自我调适心态，才能实现身心和谐统一。

“美丽人生”是“读万卷书，行万里路”的人生，是能耐得住寂寞、守

得住孤独、克得住浮躁的人生，是灵魂丰富、精神生活品质非常高的人生。

“美丽人生”是乐善好施、勇于担当的人生，是有着全球意识、具备跨文化理解能力的人生，是有中国灵魂、世界眼光的人生。

三、“美丽人生”特色课程的基本框架体系

基于“现代君子”的基本素养和“美丽人生”的基本内涵，二师附中扎根于学校的理念和文化，以“根深叶茂”为追求，构建了“美丽人生”特色课程基本框架体系，以帮助学生提升“现代君子”的基本素养，成就美丽、幸福的人生。

“美丽人生”特色课程
- 普修课程：礼艺篇、心灵篇、科学篇、人文篇、人生篇、天下篇
- 专修课程：选修类、社团类、专修类、领袖类、实践类、游学类
- 活动课程：读书节、艺术节、体育节、学科活动、专题活动、附中讲堂

图 2-4　二师附中的“美丽人生”特色课程

1.“美丽人生”普修课程：滋素养，润人生，奠现代君子之基

模块一：礼艺篇。该模块为大班教学。修习内容主要涉及礼仪、音乐、美术教育，扩展至诚信、理性教育，亦渗透至德育、班会课进行。

模块二：心灵篇。该模块为小班教学。修习内容主要涉及生命教育、爱的教育、幸福教育、沟通技巧等。

模块三：科学篇。该模块为大班教学。修习内容主要涉及科学素养普及、科技创新教育、科学思维方法、批判思维和创意培养等。

模块四：人文篇。该模块为大班教学。修习内容主要涉及诸子百家文选、唐诗宋词、经典阅读等，辅之以阅读活动、专题活动以及大讲堂活动。

模块五：人生篇。该模块为大班教学。修习内容主要涉及人生规划，生命、生存、生活教育，规则教育，习惯教育，自我领导与自我管理，媒体素养等。部分内容渗透在日常学校活动或班会课之中。

模块六：天下篇。该模块为大班教学。修习内容主要涉及模拟联合国、世界公民、国际视野、跨文化理解、兼善天下等内容。与广东第二师范学院合作，拟开展普惠性国际理解通识教育，拟开展国际文化活动周。

2.“美丽人生”专修课程：展特长，彰个性，扬美丽人生之帆

“鹰击长空，鱼翔浅底，万类霜天竞自由。”丰富多彩的专修课程，为“现代君子”的培育提供了广阔的舞台，极力彰显了学生的个性，使他们扬起了美丽人生之帆。

形式一：选修类。基于“现代君子”六个维度的基本素养和“美丽人生”的基本内涵，开设科技、人文、礼仪、手工、体艺、技术、语言、茶艺、军事、时政等模块的若干选修课，供学生走班选修，以期达到“寻得所爱，并为之守望”的目的。目前，学校开发的特色选修课达30余门。

形式二：社团类。每周固定时间开展丰富多彩的社团活动，并实行学分制管理，以彰显学生个性特长，培养学生良好的组织管理能力。目前，学校共有近30个社团组织，优秀、品牌社团近10个。

形式三：专修类。对于在音乐、美术、体育等方面有特殊天赋和兴趣的学生，学校不仅为其提供专业指导，还为其高考选科提供专业设置支持。当前，学校每年均有百余位学生专修音乐、美术和体育，开启了自己的艺术人生，圆了自己的美丽大学梦。

形式四：领袖类。学校重视各级各类学生干部队伍的培养和培训，并设青年党校和领袖训练营，为他们的脱颖而出搭建更广阔的平台。

形式五：实践类。学校认真开展社会实践、社区服务等综合实践活动，定期开展学军、学工、慰问活动，不定期开展专题考察、调查活动和义工活动。

形式六：游学类(含国内著名高校游学和境外游学)。学校与广东第二师范学院国际教育学院合作，为有意出国深造的学生提供必要的帮

助，如暑期欧美游学、语言考试教学辅导服务等。

3.“美丽人生”活动课程：搭舞台，炼能力，圆美丽人生之梦

形式一：读书节。每年4—6月定期举行，周期为45天，为学生阅读活动搭建平台。

形式二：艺术节。全称为校园科技文化艺术节，每年5月中下旬定期举行，为学生科技、文化、艺术成果的展示搭建舞台。

形式三：体育节。每年11—12月定期举行，以田径运动会为核心，涵盖体育知识普及、体育与生活、国际大型体育赛事揽胜、体育精神与体育风采等。

形式四：学科活动。每学年，学校每个学科组均错时开展丰富多彩的素质拓展活动，或诵读、或合唱、或演讲、或雕刻、或读书交流、或模型比赛、或手抄报大赛、或摄影比赛、或贺卡设计比赛，成为学生永不落幕的盛宴。

形式五：专题活动。学生定期开展专题性教育活动，如“星级学生”评选活动、美在校园专题活动、十八岁成人宣誓活动等。

形式六：附中讲堂。不定期开展附中大讲堂活动，邀请高校学者、知名企业家、社区有关人士等为学生作专题讲座。

四、“美丽人生”特色课程设置的初步成果

近年来，在“培育现代君子”理念的引领下，“美丽人生”特色课程在试点、探索中日臻完善，普修课程、专修课程、活动课程相互交织，形成了严密的课程体系，与学校的文化、精神深度融合，与学校的国家课程紧密渗透，潜移默化、深远持久地影响着二师附中的学子，朝着“学为君子，兼善天下”的目标迈进。学生受益的同时，“美丽人生”特色课程也促进了教师的专业提升，推动了学校的内涵发展。

现代君子理念深入人心，君子人格、君子风范成为学生言行的标准，校风、学风得以根本扭转；广大师生认同度提升，集体凝聚力增强，在特色课程的引领下，二师附中广大师生与学校发展共命运、心连

心，共同拼搏，共担风雨，师生作为附中人的自豪感逐步提升，教学质量提升了、生源优化了，因而挫败感少了、抱怨少了、干劲足了。此外，以特色课程为根基，二师附中大力实施质量工程，实现了快速优质化，2012年以来，学校连年荣获广州市高中毕业班工作一等奖。随着教学质量的提升以及快速优质化，二师附中的社会声誉明显提升，口碑渐佳。2011年起，家长及社会各界对学校的关注度越来越高，对学校未来的发展充满期待。

教学质量在提升，生源在改善，一种生源与教学质量的良性循环正在悄悄产生，而这一切，“美丽人生”特色课程功不可没。“美丽人生”特色课程已成为附中学子生命中不可或缺的营养，成为附中学子三年高中生涯中的美丽风景。在“美丽人生”特色课程的滋润下，学子们将陶冶自强不息、厚德载物的君子人格，浸润笃志、博学、知礼、重义、仁爱、向善的君子气质，继承诚信、公正、负责、担当的君子文化，真正成为融通古今、学贯中西、兼具中国灵魂和世界眼光的现代君子，将火红的青春梦、炽热的附中梦与美丽的中国梦紧密相连，成就美丽人生，建设美丽中国。

第三节　人生规划：事业理解与个人技能的综合体现

中学是人生发展中的重要阶段，是从青少年向成人发展的关键时期。这一时期不仅是个体生理迅速发展的时期，也是人生观、价值观和世界观初步形成的时期；不仅是知识和技能学习和发展的时期，也是为未来学习、就业和生活做准备的时期；不仅是各方面积极心理品质发展的时期，也是心理行为问题高发的时期。如何更好地促进中学生的发展，减少发展中可能出现的各种问题，以及这些问题对中学生发展的影响，美国、加拿大、日本、芬兰等国家及我国香港、台湾等地区都进行了实践尝试，建立了较为成熟的学生发展指导制度和指导模式。大量的研究也已证明，学校开展学生发展指导课程，往往对学生的发展起到积极的促进作用。

一、人生规划——“学生发展指导”的现实需求及意义

习近平总书记在谈到实现中国梦的伟大实践时强调，“让每个人都有人生出彩的机会”。《国家中长期教育改革和发展规划纲要(2010—2020)年》明确指出，高中阶段教育所面临的主要任务是加快普及高中阶段教育、全面提高普通高中学生的综合素质、推动普通高中多样化发展。其中，“建立学生发展指导制度，加强对学生的理想、心理和学业等多方面指导”是全面提高普通高中学生综合素质的重要路径。

《中小学心理健康教育指导纲要(2012 年修订)》指出，针对高中年级心理健康教育要“在充分了解自己的兴趣、能力、性格、特长和社会需要的基础上，确立自己的职业志向，培养职业道德意识，进行升学就业的选择和准备，培养担当意识和社会责任感”。确立职业志向，需要初步了解现代生活中的职业类型，并具备职业探索的能力。

《普通高中学生发展指导纲要(试行)》中提出：要在高中阶段促进学生养成健康的生活习惯与兴趣爱好，培养学生生涯发展与规划的意识和能力，激发学生的学习动机和兴趣；提高学习效率与学习能力。在生涯方面要帮助学生了解自己的兴趣、能力倾向、个性特点与生涯发展的关系；帮助学生了解大学专业信息与社会职业需求，合理规划升学与就业目标；促进学生掌握步入下一阶段生活、学习、工作所必需的技能；有效减少学生在生活与生涯方面的困惑。

我在高中学校深耕多年，我认为，高中阶段是学生学会对未来进行规划、抉择和准备的重要时期。从青少年时期到成年早期是个体生命中最为重要的过渡阶段，许多在初中时期经历的问题和遇到的困惑，在高中阶段仍然是需要克服的障碍。职业是生涯的重要课题，也是中心课题。职业世界对于高中生来说既熟悉，又陌生。说它熟悉，是因为高中生虽未踏入职业世界，但他们的周围，都是身处职业世界中的人，包括父母、亲戚、老师等，甚至学生自己或许也有过一些短暂的职业体验；说它陌生，是因为高中生对职业的认识可能还只是一种比较模糊的直

觉，对于职业世界，他们更多是怀着一种朦胧的感觉进行想象，或向往或不安，而缺少客观清晰的分析。

《中小学德育工作指南》在德育工作总体目标中提出，要“培养学生爱党爱国爱人民，增强国家意识和社会责任意识，教育学生理解、认同和拥护国家政治制度，了解中华优秀传统文化和革命文化、社会主义先进文化，增强中国特色社会主义道路自信、理论自信、制度自信、文化自信，引导学生准确理解和把握社会主义核心价值观的深刻内涵和实践要求，养成良好政治素质、道德品质、法治意识和行为习惯，形成积极健康的人格和良好的心理品质，促进学生核心素养提升和全面发展，为学生一生成长奠定坚实的思想基础”。

目前，开展综合性的学生发展指导已成为世界基础教育的普遍趋势，在新高考改革的大背景下，传统的德育势必迎来转型升级，跨部门、跨年级、跨时空的“学生发展指导”将成为学校教育的新话语，而生涯规划的设计与指导，将揭开学生发展指导和新高考改革的新篇章。理想是人生奋斗的目标，是对未来的向往和追求，职业理想是个人对未来职业的向往和追求。如何更好地认识自己的能力及兴趣，从而规划人生和事业，是新时代下德育新的课题。作为新高考试点的上海、浙江等地，在近年都对学生全面发展和创新实践能力培养做出了许多具体的研究，进一步推动了学生发展指导。

“学生发展指导”理念的提出，为全面培养具备核心素养的高中生提供了一条新的路径。所谓学生发展指导，是指学校在教学任务外，为全体学生在品德、心理、学业、生涯、生活等各方面提供课程活动、团体辅导、个别指导等一系列服务，旨在促进学生全面而有个性地发展，提高人才培养质量。① 学生发展指导具有发展性功能，这种发展性指导面向全体学生，面向学生发展的全过程，致力于学生核心素养的普遍增

① 张鸿雁：《团体辅导在大学生生涯规划及学生发展指导中的应用》，载《科教导刊—电子版(下旬)》，2017(9)。

长，其最终目的是帮助学生认识自我，促进自我的全面发展。因此，在高中开展学生发展指导是普通高中生健康成长的保证，是普通高中教育改革和发展的现实选择，更是全面提升高中生核心素养的内在需求。

二、辨析个人优势，掌握未来世界对人才的需要

每个人在学业跟职业上，都有各自不同的价值追求，如何更好地认识自己，寻找自己的职业价值观，许多学者进行了相关的研究。

舒伯总结了十余种代表着不同群体在工作中所重视和追求的最为普遍的职业价值观：美的追求、安全稳定、工作环境、智性激发、独立自主、管理权力、帮助他人、成就满足、名誉地位等。美国约翰·霍普金斯大学心理学教授、职业指导专家约翰·霍兰德也提出了具有广泛社会影响的职业兴趣理论，他强调职业兴趣与人格之间存在很高的相关性，为我们提供了一个重要的生涯辅导理念，即把个人特质和适合这种特质的工作联合起来，拉近自我与工作世界的距离。美国发展心理学家、哈佛大学教授霍华德·加德纳提出多元智能理论，多年来该理论已经广泛应用于欧美国家和亚洲许多国家的中学教育上，并且获得了极大的成功。霍华德·加德纳博士指出，人类的智能是多元化而非单一的，主要是由语言智能、数学逻辑智能、空间智能、身体运动智能、音乐智能、人际智能、自我认知智能、自然认知智能八项组成的，每个人都拥有不同的智能优势组合。根据以上理论，我们可以更多引导学生对自我能力、兴趣、价值以及未来工作世界的生涯探索。

种种研究表明，作为高中生，应该尽早开展生涯发展规划，认识自己(性格、兴趣、能力、价值观等)，进行个人优势辨析，培养生存、生命能力，培养生涯规划能力；了解职业社会，进行职业探索和职业体验，追求身心均衡的生活；规划未来发展方向，如大学意向、专业方向、职业理想等，掌握未来世界与人才的要求；制订行动计划，设定人生短长期目标，如学习计划、生涯规划等；修炼各种能力，掌握职业所需的能力，如语言表达、人际管理、情绪管理、时间管理以及解难、创新与应变等能力等。

三、广东番禺中学高中生发展指导的实施与成效

目前，国内的学生发展指导还处于初级阶段，虽然也有学校开展了一些学生发展指导实践活动，如心理健康教育、生涯发展指导、德育等活动，涉及心理健康、职业发展和理想道德等方面的指导内容，但目前仍缺乏一个完善的学生发展指导制度来保障学生发展指导活动的顺利推进。据此，北京师范大学发展心理研究所方晓义教授提出了构建高中生三级发展指导模式的理念，认为高中生发展指导应包括品德、心理、学业、生涯和生活五个方面的内容(简称“5 Learning”)。

在这样的背景下，番禺区教育局与广州大学心理与行为研究中心、北京师范大学发展心理研究所合作，率先开展高中生发展指导的制度建设和学生发展指导评价体系构建，旨在全面促进番禺区高中生“积极发展”，探索出一条具有“番禺特色”的学生发展指导模式，为推动全国高中生发展指导工作贡献经验。

图 2-5　2017 年 11 月，第三届高中学生发展指导高峰论坛
(2017 广州年会)在广东番禺中学举行

根据“5 Learning”的指导思想，项目将中学生的核心素养分为学会学习、学会健康、学会工作、学会做人以及学会生活五个大方面。“学会学习”致力于帮助学生理解学业任务和目标，激发学生的学习兴趣，改进学习方式，制订学习计划，提高学生的学习能力。“学会健康”的目的在于引导学生理解自己，学会心理调适，提高学生心理健康水平和幸福感。“学会工作”即希望学生理解职业与工作，发现个人

的潜能和特长，初步选择职业发展方向，促进学生生涯发展。"学会做人"能够推动学生理解社会和他人，学会交往和承担责任，促进学生品德、价值观的发展。"学会生活"关注到学生的生活层面，提高学生生活技能，引导其理解生活的价值，使学生成为一个有品质的人。

图 2-6　广东番禺"5 Learning"学生发展指导模式

项目以广东市番禺区的六所实验学校为试点开展教育活动，各所学校立足于"5 Learning"指导思想齐头并进，其中每所学校又有所侧重。广东仲元中学和番禺实验中学重点推广学业发展指导，广东番禺中学重点实施心理发展指导，象贤中学主要负责生涯发展指导，石北中学关注的是品德发展指导，最后南村中学践行的是生活发展指导。

只有引导学生学会自主发展、学会自我规划、学会自我选择，不断培养学生的"品德力""学习力""创造力""领导力"与"行动力"五种未来社会所需的能力，才能最终达到敦厚学生道德水平、激发学生潜能、和谐学生心理、培养学有专长的未来社会领军人才的目标。2015 年 9 月起，广东番禺中学针对学生的成长需求，采用了北京师范大学发展心理研究所所长、长江学者、博士生导师方晓义教授提出的"5L & 5S 高中学生三级发展指导模式"，聚焦学生核心素养提升，关注教学渗透、活动融合、专业师资建设等热点话题，在全校三个年级开展了不同层次需要的实验研究，推动学生发展指导工作的有效开展并取得了一定的成效。

(一)组织道德教育系列活动，指导学生学会做人

党的十九大报告提出："要全面贯彻党的教育方针，落实立德树人根本任务，发展素质教育，推进教育公平，培养德智体美全面发展的社会主义建设者和接班人。"为使立德树人的工作落地生根，学校坚持把培育和践行社会主义核心价值观融入日常教育教学过程中，利用孝道教育这一德育品牌，继续开展"弘孝砺志，立己达人"的主题教育活动，不断弘扬中华民族传统美德，努力培养年轻一代具有正确认识自己、正确对待他人、正确对待社会的美好品质，以及对社会、对国家、对民族的高度责任感。主要做法有以下方面。

1. 继续开展中华民族传统美德学习教育活动

学校组织学生认真学习中华民族传统美德教育专题资料、《孝经》《弟子规》《二十四孝图》以及由学校编写的《孝道教育》校本教材等，全面了解孝德文化的发展历史与丰富内涵。通过广泛的理论学习和讨论，师生中已形成了共识：只有孝敬父母的人，才是一个有责任心的、高尚的人，因为扩大善心需要经过推己及人的过程。

2. 组织学习道德模范

学校利用道德讲堂、主题团课等平台，组织学生学习"'绑'着母亲去上课的感动中国人物陈斌强""北川因公殉职的优秀共产党员兰辉""'广东十大新闻人物'等殊荣获得者梅州孝女彭彩金"以及李玉枝、宁宏昌等的先进模范事迹，此外还印发每年由班级、年级推荐的"孝道之星"的事迹给每位同学进行学习。通过道德模范人物和身边"孝道之星"的言传身教，引导广大学生信仰道德、传承道德、践行道德，"积小善为大善"，"积小德为大德"，在校园内形成崇德尚善、讲道德、做好人、树新风的浓厚氛围。

3. 行善举，献爱心

学校团委利用学雷锋月等时机，开展"学雷锋、献爱心"爱心义卖活动。还利用区内外丰富的人文资源组织学生参与孝道实践活动，组织师

生定期到培智学校和市桥颐养院开展慰问活动，如到番禺区残疾人联合会活动中心开展献爱心联谊活动；组织向贫困山区孩子、失学儿童捐衣、赠书活动；组织师生做好创文明城市工作，开展“文明餐桌”实践活动；组织学生担任春运期间高铁站志愿者、参加广州亚运会助威团等。丰富多彩的实践活动，把孝道教育引向深广，使孝道教育由学校拓展到社区，从家庭延伸到社会，产生了良好的教育效果。

(二)开发幸福教育课程，孕育师生幸福人生

积极心理健康教育认为，人人都有积极的心理潜能，都有自我向上的成长动力。在新时期的学校教育工作中，积极心理学是促进学生成长和解决学生问题的新视角和新途径。近年来，广东番禺中学大力倡导幸福教育理念，积极创建活力校园，通过特色课程建设营建幸福校园，探寻积极的德育生态，培养学生的积极心理品质，引领广大师生不断追寻幸福人生，以期达到“培养学生积极品质，提升教师专业能力，营建积极德育生态，孕育师生幸福人生”的目的。主要做法有以下方面。

1. 大力营造和谐校园环境

把学校的一草一木都赋予积极乐观向上的元素。例如，把原来教学中楼下面的自行车棚改为书吧，内设桌椅、宣传栏、自选书架等，还购买锦鲤放入景观池中，疏通道路，种植盆栽，极力把书吧打造为阅读怡情、讨论休闲、富有人文情怀的校园一景，为学生积极心理品质的培养提供了一个有利的环境。

2. 落实幸福教育课程

学校分别在高一、高二年级开设幸福课程，由两位专职心理教师负责，保证上课的课时。以番禺区《幸福学堂》为参考教材，针对不同年级的学生实际开设不同的专题教育活动，如表 2-1、表 2-2 所示。

表 2-1　高一年级幸福教育课程设置

时间	第一学期	第二学期
课堂设置	第一课：幸福从“心”开始 第二课：聚能量——设计高中 第三课：积极适应高中新生活 第四课：积极自我认识之一——我是谁? 第五课：积极自我认识之二——独一无二的我 第六课：积极情绪之一——认识和体验情绪 第七课：积极情绪之二——分析和表达情绪 第八课：积极情绪之三——培养高情商 拓展作业：观影《头脑特工队》、填涂情绪卡、绘制个人冰山	第一课：很高兴遇见你——班级分组建设 第二课：自主学习之一——认识学习 第三课：自主学习之二——成为记忆达人 第四课：自主学习之三——思维培养与训练 第五课：心理弹性培养之一——观影《面对巨人》 第六课：心理弹性培养之二——《面对巨人》分享会 第七课：向左转，向右转——分科指导 第八课：感恩高一，期待高二 拓展作业：学习风格与方法自测、观影《面对巨人》下半部、收集文理分科的相关信息

表 2-2　高二年级幸福教育课程设置

范畴	主题	课时	专题
我和自己	积极自我	第 1 课	积极介绍
		第 2 课	发现自己
		第 3 课	优势蓝图
		第 4 课	爱上我自己
		实践	绘制个人性格优势蓝图
我和他人	和谐关系	第 1 课	沟通无限好
		第 2 课	将爱情进行到底
		第 3 课	一切生命都有尊严
		拓展	托付
		实践	四项任务共建和谐番中

续表

范畴	主题	课时	专题
我和社会	投入生活	拓展	传递
		第 1 课	生命心流趣多多
		第 2 课	学习如呼如吸
		第 3 课	做好人生选择题
		拓展	OH 卡(潜意识投射卡)
		实践	考察人才市场 调查职业世界 参加番中“模拟人才 MALL”
我和自然	生命意义	课程	活出生命的意义

3. 建设幸福班级

在学校的积极推动下，一大批班主任也开始了幸福班级建设的有益探索和尝试，不仅使班集体更加有凝聚力和归属感，班主任自身也得到了很好的成长，工作更加得心应手，幸福感也得到了提升，从而进入了一个良性循环。下面列举几个班主任打造幸福班级的典型案例。

高二(6)班班主任根据自己班的实际情况以“用行动谱写人生，做最好的自己”为主题，先后开展“自我管理”“阳光心态”等主题教育活动，引导学生在班级这个能量场中积极成长，培养学生的“爱”“勇敢”“宽容”“希望”等积极心理品质，帮助学生最大限度地挖掘自身的潜力并获得成功，成就最好的自己。

高三(18)班班主任以“积极寻找成长点”系列主题教育为抓手，通过专门开辟“记录点滴，感受成长”的班级专栏、精心挑选一些励志文章跟学生分享、树立榜样等形式，培养学生的“洞察力”“好奇心”“宽容”“感恩”“希望”等积极心理品质，让学生真实地感受到自己的变化与成长，增强自我管理的信心与决心，实现更好的成长。

高一(2)班班主任从班级文化切入，分别从“精神”“物质”“制度”“班级主流文化”“班级愿景”“人文精神”等方面，与学生一起打造了属于自己班级的文化，建设积极班集体，培养学生的“团队精神”“热情”“希望”等积极心理品质。学生们在这样的班级文化浸润下，心灵得到润泽，从而轻松愉快地提升获取幸福的能力。

2017年高二年级各班班主任开展“做情绪的主人”系列主题教育活动，通过辩论、案例分析、角色扮演、心理疏导等形式，让学生充分体验积极情绪，学会接纳与管理情绪，培养学生的“自律”“洞察力”“感恩”“真诚”等积极心理品质。

在对班级个别学生进行辅导的过程中，我校一大批班主任老师充分运用积极心理学的知识，用他们无条件接纳的爱有针对性地培养学生“热爱学习”“真诚”“热情”“希望”“公平”等积极心理品质，激励学生积极、自主地发展自我、完善自我、超越自我，为学生的持续幸福提供了动力与能量。

用积极心理学“武装”起来的番禺中学班主任们，在引领学生学会选择和追求幸福的同时，专业能力得到了提升，他们也在享受着从事幸福教育工作所带来的幸福。

学校的黄卫军老师是“番禺区十佳班主任”，他最突出的积极心理品质就是“真诚”与“爱”，他相信“教育是植根于爱的”，他认为教育的全部奥秘就在于如何爱护学生，教师有了爱，才会对学生充满信心和爱心，才会有利于把他们培养成大德之人、大智之人、大气之人。黄老师在班里提出“做上品人，行上品事；立上品志，开上品天”的口号，教育每位同学树立拼搏进取的团队精神，激励大家要始终对现在与未来充满“希望”，使班级形成了一股强大的凝聚力。多年来，他用人格塑造人格，用心灵滋养心灵，在班主任工作中且行且进，取得一系列成绩，得到了学生们的敬重和家长们的信赖。

广东番禺中学的董国成老师是番禺区的师德模范，他注重“爱与陪伴”，是学生可靠的、值得信任的导师；他真诚友善，善于倾听，为学生树立了非常好的榜样；他具有的“大智慧”，使他的政治课有了寓教于乐的生动性，培养了学生热爱学习的积极品质。这些使他成为学生的榜样。学生是这样留言的：“高三有您的陪伴太荣幸！”“您让人感到踏实。”“您总是给我一种爸爸的感觉！”“我希望您不要变老……”“您的政治课都是精品课！”这些暖心的话语时刻涤荡着阅读者的心灵，满溢着认可、赞许和作为教师的幸福！

（三）学科渗透学法指导，让学生学会学习

2017 年，在广东番禺中学举行的全国第三届高中生发展指导高峰论坛上，方晓义教授在他的专题讲座中，专门列举了包括我校老师在内的一批老师的学科渗透发展指导的做法，进行介绍分享。例如，广东番禺中学英语学科带头人彭琴老师凝练教学思想“活力课堂”，组织以“活力课堂工作室”为核心的英语教学研究团队，致力于创设适合中国国情、大班教学的课堂小组活动，如 1 分钟英文演讲、3 分钟英文阅读思维导图展示、5 分钟英语才艺展示、10 分钟英语辩论等活动大大地增强了学生的英语学习兴趣，全方位提高学生听、说、读、写的能力，培养学生乐学善学的能力，深受学生喜爱，受到同行的一致好评，并在各级公开课和讲座中推广，在英语教学中广泛使用。

其他学科的老师们根据不同学科的特点，积极探索实践，打造番中课堂模式，大力培养乐学善学的态度和能力，积极渗透学生的学法指导。例如，语文老师在语文课上探索课前微写作的教学方法，设置了系列化的主题；物理老师在物理课上运用课堂实验探究，利用毛刷在手背上滑动，感受摩擦力的存在，同时观察毛刷的方向，引发学生思考；生物老师在生物课上展示鲸鱼救助和蝗虫灾害的图片，指出鲸鱼大量减少的原因、如何帮助其种群复壮以及如何在蝗虫灾害发生前预警等问题，引发学生思考。

临界生是一个较为特殊的学生群体，他们在考前复习的过程中很容易出现一些“意外”状况。如何让这一群体稳定下来，让他们在最后的冲刺阶段达到一个最佳状态，能够最大限度地发挥他们的能力，突破“界限”，考出最优成绩，是值得引起关注的一项毕业班工作。为做好这一工作，学校采用了“人盯人”的方法，即在慎重筛选的基础上，给每一位毕业班临界生配一位导师，针对学生每天的学习、心理等情况进行跟踪指导。此外，还给这部分学生每人发一个成长记录本，学生记录每周的情况，每周至少给导师批阅一次。

(四)开展生涯规划主题活动，指导学生规划未来

高中是个体成长的关键阶段，是学生个性才能显露、选择人生发展道路的关键时期。当前，不少中学生面对自己的未来发展方向并不十分明确，存在着学习无动力、生涯无规划的现象，值得引起老师们的关注。为了顺应社会发展和学生个体发展需求，对高中生进行有效生涯发展指导，学校围绕“高一学会适应，高二超越自我，高三圆梦大学”这一主线，分层次确立各年级指导重点。主要工作有以下方面。

1. 生涯发展主题活动

高一年级开展三年学业规划展示、给三年后的自己写一封信等活动。高二年级开展职业人物访谈活动，职业体验活动，专业、职业探究与宣讲活动等。高三年级围绕高考以及志愿填报，指导学生调整心态，同时进一步了解大学专业，合理填报志愿。

2. 生涯发展个别咨询

针对学生具体情况，开展关于自我认知、职业认知、生涯定向、生涯抉择、教育认知等方面的心理辅导，为学生排忧解难。

3. 生涯体验活动

学校组织开展一系列社会实践活动，通过人物访谈、职业体验、志愿活动等形式，帮助学生亲身体验社会中的人和事，体味学习的重要性，进一步帮助他们明确自己的人生目标，如表 2-3 所示。

表 2-3 广东番禺中学学生生涯体验活动

项目	参与年级	体验内容
学军	高一	在训练中锻炼意志品质，了解与体验军人职业生活
学工	高一、高二	通过访谈职业人物以及亲身进入各个社会单位学习，了解与体验众多职业生活
社团活动	高一、高二	参与各类社团活动，体验多样人生
职业观摩	高一、高二	邀请番禺工商职业学校旅游专业学生到校进行茶艺展示，邀请企业员工到校进行职业介绍等

4. 番中论坛

为开拓学生视野，学校“番中论坛”多次举办讲座。番中校友、“广东十大时尚摄影师”刘卓能先生曾应邀来校为高二年级的同学们作题为“最初幻想——不完美的摄影十年”的讲座，不仅详细地向同学们讲解了专业摄影的相关知识、技巧和要领等，还与同学们分享了他爱上摄影并走进摄影行业的历程。他说，在追逐梦想的道路上，他曾遇到过很大的困难与压力，但他没有轻易放弃，始终坚持着自己的选择。中国民主促进会珠海市委员会主委、广东省政协委员、珠海市政协副秘书长茹晴女士来校作以“做最好的自己”为主题的讲座。讲座过程中茹晴女士耐心地引导同学们更好地规划自己的人生，详细分析了人生各个发展阶段的责任，并鼓励同学们要坚定信念，勇敢地往前走。广东著名演员李富贵先生为同学们开展以“影视艺术的魅力”为主题的精彩讲座，以具有深度内涵的影视知识引领同学们体会了影视艺术是通过造型表现手段呈现出来的，它通过光影、线条、构图、色调等来叙述故事，并阐述丰富哲理。一系列生动有趣的现场互动让同学们深深感受到艺术是人类情感的载体，文艺创作、鉴赏等活动能净化我们的灵魂，独特的审美方式有利于我们更好地认知广阔的世界。北京理工大学珠海学院机械与车辆学院副院长黄宝山教授为学校高二年级同学作了“3D/4D 打印技术——助力中国制造”专题讲座，3D 打印在模具制造、鞋类、工业设计、珠宝、建筑、汽车、航空航天、医疗产业等都有所应用，黄教授利用模型和形象生动的图解，对 3D 打印技术在各个领域的广泛应用进行了详细讲述，这让同学们大开眼界。

5.“模拟人才 MALL”活动和专业、职业宣讲活动

举办“模拟人才 MALL”活动是为了让学生全面掌握自身性格优势，尽快确定自身的职业取向，做好职业规划，熟悉现代职场形势，并积累一定的求职经验。活动内容丰富多彩，由学生自主策划和开展，学生在活动中担任面试官、人才培训师等角色，包括“人才招聘会”“创客空间”“人才测评”和“人才培训”等模块，精彩的活动吸引了众多专家和教师的积极观摩。2018 届高三学生开展以小组为单位的大学专业的研究活动，撰写调查报告，制作精美的 PPT，利用心理课在班里进行专业、职业宣讲活动，由于该研究涉及的专业有数十个之多，此活动不仅加深了学生对大学专业和社会相关职业的认知度，也促进了学生对自己专业和职业选择的思考，降低了高三填报志愿的盲目性。

图 2-7　广东番禺中学举办首届“模拟人才 MALL”活动

(五)让学生参与实战演练，指导学生学会生活

1. 心肺复苏培训活动

为加强同学们的安全防范意识，提高他们的心肺复苏术操作水平和应急救治能力，近年来，学校联合番禺区中心医院，坚持每年为高一年级同学组织开展心肺复苏培训活动。到目前为止，学校已有 5000 多名师生接受了心肺复苏术操作的培训。番禺区中心医院梁伟华副院长通过一些真人真事的讲述向同学们强调了掌握心肺复苏术的重要意义，并鼓励同学们认真学习相关技能。番禺区中心医院急诊科梁兴民主任为同学们详细讲解了心肺复苏紧急救护的操作步骤与要点，包括判断是否丧失意识、判断有无自主呼吸、判断有无脉搏、进行胸外心脏按压、清理口腔异物、开放气道、人工呼吸等。

2. 应急疏散暨消防演练活动

学校多次联合番禺区消防大队、桥南街消防中队、桥南街办事处、桥南街派出所、番禺区中心医院等单位，组织全校师生开展应急疏散暨消防演练活动。活动内容主要包括教学区和宿舍区消防应急疏散、模拟担架救援和心肺复苏、模拟高空救援、学习消防设施设备的使用等。

3. 日常预防工作

针对广东省上半年雨天较多、传染病易发的情况，学校总务处联合校医室做好安全隐患排查和宣传教育工作，开展春季传染病防控专项教育以及夏季防汛、防洪、防雷电专题教育，完善恶劣天气的应急方案。做好学生在校学习、运动和饮食，往返学校的交通，节假日外出等方面的安全教育和提示。

在"5L & 5S 高中学生三级发展指导模式"的指导下，根据番禺区高中教育的实际，广东番禺中学逐步建立、完善了适合学校实际的学生发展指导制度、机构和保障体系、课程体系、教师体系等。同时，通过以科研促教学，以指导促发展，进一步全面提高人才培养质量，使学校在办学水平、办学层次和办学特色方面迈上一个新台阶。

【案例分享】

广东番禺中学2018届“模拟人才MALL”活动方案

一、组织策划：学校中学生发展指导中心

二、活动目的：初步了解人才市场、做好职业规划是高中生发展指导的重要内容之一，本次活动拟以实地考察、汇报展示、角色扮演和游园会等形式，充分调动学生学习和实践的积极性，加深对现代职场和自身性格优势、职业取向的认识，积累一定的求职经验，最终促进学生更自主、持续地发展。

三、内容与形式：组织大型仿真人才商场，包括招聘会、创客、人才测评、人才培训、人事管理等。学生扮演求职者，携带简历、专业兴趣测试、获奖证书等个人资料，通过攻克“应聘”“创意”“测评”和“培训”四个项目的难关，来得到通关印章，获得4个以上印章者可换取一份奖品。

四、参加对象：2018级高二全体学生、部分高三和高一社团学生

五、活动时间：2018年6月15日(星期五)下午16:00—17:00

六、学习准备：

(一)在本学期开学初，要求全体高二学生以成长共同体为单位，收集职业信息，参观人才市场；

(二)完成性格优势、专业兴趣和职业个性测评；

(三)期中考试后以班级为单位进行学习成果汇报；

(四)以班级为单位进行招应聘工作的模拟体验；

(五)设计个人简历和填写“求职登记表”等。

七、具体内容和分工：

(一)人才招聘会

1. 国内单位专区。高二各班选定两个共同体，共设置40个招工摊位。由学生自己担任招聘考官，换位思考，每个摊位设两名考官。共同体自行布置所在摊位，如招工海报、桌椅等。主要由各班心理科代表负

责(陈慧瑜老师指导)。

2. 外企招聘专区。开阔学生国际视野，增强自信心，提高英语口语水平，设立4～5个摊位。主要由英语角负责(彭琴老师指导)。

(二)创客空间

鼓励学生自主创业，要有个人创意，发挥想象力、创造力和行动力，把“创客时代”造起来。主要由ESI科技社负责(李旋老师指导)。

(三)人才测评

帮助学生了解自身职业倾向、性格能力优势，完成SWOT(优劣势、机会威胁)自我分析。主要由心韵坊负责(陈慧瑜老师指导)。

(四)人才培训

帮助学生掌握基本现代礼仪、表达技巧，撰写规范而有特色的求职简历。主要由辩论社、文学社负责(林为华老师指导)。

(五)人事管理(兼领奖处)

学生上交求职登记表，投递个人简历，作为人才储备；购买和派发奖品。主要由校学生会学习部负责(颜树激老师指导)。

(六)会场布置、纪律维护、咨询引导工作由校义工总队(礼仪队、心韵坊)负责(谢镇凯老师指导)。

(七)摄影录像、宣传(横额或拱门、标语、印章、考官导师工作牌、招聘展板、指示地图、广告牌)、公众号预告和新闻报道、帐篷(太阳伞)、饮用水、保洁安全、联络级部、经费支出报销、邀请专家指导等，由校德育处统筹安排。

经费预算：奖品需准备高二年级学生和组织活动的社团成员约1200份，印刷、广告宣传、租帐篷等，本次活动需经费约18000元。

注意事项：

1. 因为本次大型活动既是一项学生发展指导的重要教育活动，又是学校承办番禺区高中生发展指导实验研究阶段工作汇报会的观摩活动，届时将有许多专家、初高中老师观摩，所以这将是展示番中学子整体素质的挑战。

2. 该活动准备时间，正是高二学生备战学业水平考试的时间，同学们应协调好学习与活动的关系，提高效率。

3. 活动当天，招聘考官一律穿正装，装扮得体；负责组织活动的学生干部、社团成员一律穿社团服装；求职人员视个人实际情况着装，整洁朴素即可，如条件不允许，可穿校服应聘。

教育实践篇

“方”与“圆”

引 言

孟子说，“规矩，方圆之至也”；黄炎培也讲，“和若春风，肃若秋霜。取象于钱，外圆内方”——前人将方圆说提升到哲学的高度。

作为“修身养性、处事作为”这一有特定内涵的方圆论，是说方是刚，圆是柔；方是原则，圆为灵变；方是为人之本，乃人之脊梁；圆是成功之道，乃处世之锦囊。方与圆已经成为经天纬地、亘古通用之要术，被赋予了“生命之大道，做人之大智，做事之大端”的意义。

如今，在现代学校的建设中，只有把方与圆巧妙结合、原则性和灵活性辩证统一，才能达到为人处世、修德立业的理想境界。

方与圆，首先从学校发展的方向上立意。无论做人还是办学都要高标准立意，高水平定位。不同的校情、学情决定着路该如何走。一直以来，我不断思考和探索着学校发展的意义所在，如何更好地促进学校的优质发展。站在立德树人的角度，充分汲取学校已有的文化养分，旁征优质学校有益的经验。2007 年，我就开始在自己的学校开展现代学校制度建设的实践研究，并由此形成了自己学校的制度文化和精神文化，这在我的著作《基础教育现代学校的制度建设的实践与思考》《现代学校权力运行中的流程管理》中都有阐释。

方与圆，更要付诸实践行动。思考者必然是行动者，这是作为一名名校长最鲜明的印记。目标与实践之间往往存在必然的逻辑关系，好的制度如果没有刚性的执行和圆融的通变，就如同一纸空文。因此，想人所不敢想，还要为人所不敢为，同时又要有分寸地把握学校制度建设中刚与柔、灵活与原则、传统与创新、制度与感情、棱角与技巧间等的辩证关系。

如何在办学中辩证地运用方圆理论，在学校教育的探索和实践中，我的思路逐渐清晰，画出了从理论到实践的路线图。

第三章　学校管理
——“学校的主要资源应当用于激发每个人的潜能”

什么才是符合互联网时代创新要求的现代学校组织模式？什么样的学校管理制度能够应对时代大变革时期的学校创意革命呢？在此，我提出“现代学校管理制度”，其核心为赋能，即聚集一群具有对知识的综合升华能力、有创造力和洞察力的教学创意工作者，营造更高效创造的氛围和提供更便利的工具，充分发挥他们的创造力和对学生的感知力。在创意革命时代的学校，教学创意工作者最主要的驱动力是创造性的教学带来的成就感和社会价值，以自激励为其主要特征。只有教师具备源自内心的兴趣爱好，才能引发他们连续不断的创造性教学活动。层级之间的指挥控制不适用于他们，因此，以互联网时代为背景的现代学校管理组织的职能不再是分派各种考试指标和监督，而是更多地让教职员工的专长、兴趣和学生的问题有更好的匹配，这就要求学校建立更灵活的组织架构，给予教学创意工作者更多的自主性和更高的机动性。从本质上说，不是学校在雇用老师，而是老师们使用学校提供的公共服务，实现了教师个人与学校的同步成长和共赢的局面。

第一节 全面整合：现代学校的制度建设

一、现行学校管理制度的理论依据

现在的学校诞生于工业革命时期，为了提高满足日益发展的生产和社会生活的要求，提升生产者的文化素养和劳动技能，现代小学、初中和高中均诞生于工业技术革命时代。因此，学校管理也带有深深的工业革命时代管理的烙印。

这种管理制度基于还原论的哲学思想，认为可以将复杂的系统、事务、现象化解为各部分之组合起来加以理解和描述。① 在这一思想的影响下，以美国近代管理科学家泰勒为代表创设的“科学管理”的理论体系，打造出一整套严密的层级组织，有以校长为首的学校各行政管理机构、年级级部管理机构、一线教学人员、后勤服务保障人员等，学校组织运转时层层协调、层层传令，行动后再总结反思，做出进一步决策。总之，这种渗透到社会肌理之中的还原论指导下的科学管理几乎变成现代社会的守则，盛行于学校、公司及各种社会组织架构中，即在严密的组织架构中，由管理者统一发号施令，再由下属的部门逐层传达执行，其特质为任务的特定性、计划性，如现在盛行的学校高考、中考指标分解就如同现代企业广泛应用的KPI(关键绩效指标)一样，是还原论的极致产物，其原理为把高、中考录取人数任务分配到各班，每个班在最终的高、中考中完成特定的各种等级学校录取人数，以此完成全学校的高考或中考指标。

① 参见郭燕：《思想与语言的自然化——露丝·密立根哲学思想研究》，博士学位论文，复旦大学，2011。

图 3-1　胡展航校长在广东第二师范学院番禺附属中学
申报国家级示范性高中现场会上作自评报告

二、现行学校管理制度存在的问题

1. 严密的学校层级制度造成部门之间信息闭塞

如图 3-2 所示，层级分明、互相独立的学校各个处室的管理模式与需要与各个部分有工作联系的级长和班主任的工作模式产生了矛盾。例如，班主任需要为各个部门提供回执、收集资料，但是却不了解各种资料准备的流程规范，如学费注册资料的准备规范、学生会的各种运作、学生会组织活动的方式等。年级给总务部门联系的校服商提供了过时的分班资料，造成开学校服发放的混乱局面，引起后续校服更换的麻烦。各个年级工作不衔接、各自为政，缺乏沟通与交流，做了很多无用功，如各年级的分管级长之间几乎没有业务上的交流。而如何应对互联网时代学生德育管理工作的新挑战、如何与学生进行高效率的沟通、高一新生容易出现哪些心理问题、班主任学生工作案例收集、有效的班会课课例、高二年级管理的重心及措施建议、高三年级德育工作如何为教学服务、如何在年级管理中实现德育与教学并重等问题，都非常值得讨论与研究。交流不仅限于表格文件的共享，更重要的是管理思想和理念的科学性、与时俱进与改革创新。

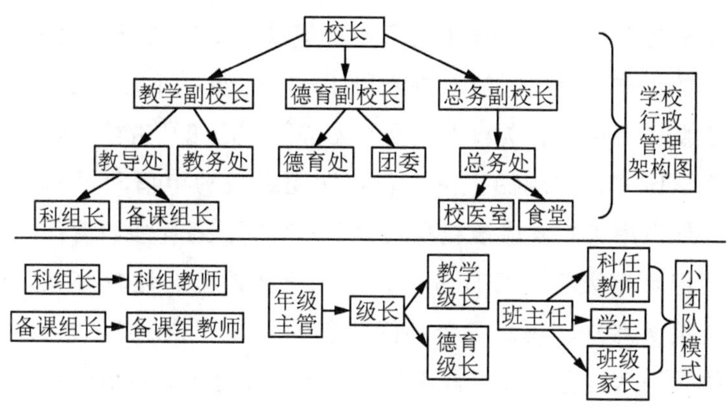

图 3-2 广东番禺中学学校组织结构图

在相互独立的层级机构下面有着极为特别的岗位——级长、科组长、备课组长和班主任，这些岗位的成员为年级教师、科组教师、备课组教师等，这些团队的工作需要执行层级机构布置的任务，但这些任务的布置没有完成时间、任务量上相互协调，没有标准化的流程和细则，没有工作性质的归属，只是一股脑地扔给以上团队的负责人，各个部门都只强调本部门工作的重要性和紧迫性。这样的相互竞争造成的后果是团队的组织者被绑架在应付各个部门繁重的日常事务中，无法静下心来建设团队，组织团队教师研究年级、分析学情、接触学生和进行教学研究等。

此外，我们也可以看到，在学校指挥控制型的上层管理架构下，出现了各级级长与班主任、科组长与科组教师、各年级备课组长与备课组教师、班主任与科任教师、科任教师与班级这样的下层灵活小团队。很明显，处于深井中的指挥控制型上层已经无法应对学校教育从复杂到错综复杂的环境巨变。相对于灵活的下层团队，这个指挥控制型的上层从很大程度上限制了组织发挥功效，它的僵硬、自上而下与充满不确定因素的教育大环境显得格格不入。

2. 各级岗位工作事务庞杂，权责不明确

学校的各个部门只负责布置工作，却没有给出明确的要求和标准，且各部门的工作布置之间缺乏协调和计划。比如，班主任把大量的精力耗费在收发各类通知、资料上，根本无法静下心来研究学生、思考班级管理及教学研究；课题的主持人花在课题经费的申请和报销方面的精力，极大地占用了本来应该花在教学上的时间。各年级德育级长的工作内容包括记录年级学生每日考勤、卫生清洁评分、垃圾分类、饭堂反馈、物业报修维修、收发各个部门印制的各类回执(包含家长会回执、军训回执、周六自愿回校自修申请书、学费注册、人寿保险单、是否参与医保回执、各类长短假期安全教育回执、安全教育平台须知等，20个班整理归档，送往各个部门或本级存档)，每周发家长信息推送、宿舍分配及调配、手机管理、处理学生各类突发事件、与家长沟通协调等，事务极其庞杂，同时还要肩负繁重的教学任务。与其说是进行德育管理，实质上更多是充当一个上传下达的角色。这些繁杂的事务大量占用了本来应该用来研究年级学生德育状况、班主任的班级管理培训及个人的教学工作的时间。结果是徒有德育管理之名，更多充当着年级事务大管家的角色。

3. 教学管理工作中常规性事务居多，没有实现管理标准化、流程化和精细化

教师教学是一项需要激发创造性的工作，在课堂教学方面，存在衡量高效课堂的标准、针对不同学科集体备课的个性化要求、各学科不同课型的课堂规程、如何评价课堂活动的有效性、各学科针对不同教学内容采取多样化教学模式的研究等问题；在成绩分析方面，如何分析学生的考试数据、如何分析学生的答对率、如何与学生分析成绩，实现高效对话；在学科学法指导方面，好的学习习惯有哪些(如分类整理)、如何整理错题、试题订正规范、怎样客观理性地分析成绩并合理定位等都需要解决，而现行的管理模式对其缺乏有效指导。

4. 在培养班主任的德育工作方面停留在经验主义或是强调“时间＋汗水”型的奉献精神

对于科学管理班级、运用最新的心理学方法观察学生、有效与学生沟通、如何帮助学生进行自我认知从而引导其达到自我实现、如何综合预判班级和学生个人的整体情况、怎样客观理性地分析全局等科学知识缺乏深入研究与实践，造成班主任会议及培训流于形式，不太有针对性。没有科学理论支撑，仍停留在经验层面，没有总结上升到理论层面，所以德育工作实践带有随意性和盲目性。

5. 缺乏一套成熟的培养和激发教师创造性劳动的机制

现行的各种奖励如高考奖金分配、优秀班级评选等，更多偏向事成之后的利益分享，与互联网时代教学创意工作者需要的能够激发个人内心志趣和创造性的劳动氛围相去甚远，已经满足不了当今学校发展的需求。

三、现行学校管理制度面临的挑战

1. 难以满足从“复杂”到“错综复杂”的时代大变更

复杂指事务或许由几个部分组成，但是这几个部分是以比较简单的方式彼此连接的，好比一个齿轮转动，其他齿轮便自然而然跟着转动起来，即一个部分被改变，我们能够比较准确地推测接下来发生的事情，属于“线性运行”。

错综复杂和复杂不同，它也含有很多部分，但是部分与部分之间的关联性更强、更多，互动的密度更高、更活跃，属于“非线性运行”。其特征为不确定性，事物的发展结果往往难以预测。在一个错综复杂的系统里，任何一个部分的微小变化都可能产生全局性的影响。

现行的学校管理制度如同一个大的深井，井下的人只是等着井上的人发号施令，这种被动的工作方式无法应对错综复杂时代的学校管理。学生问题出现的不确定性、突发性以及问题产生根源的错综复杂性，与应变能力不强的学校组织管理模式越来越格格不入。

2. 难以应对互联网时代的“创意革命”

美国学者彼得·德鲁克把过去200年的组织创新总结为三次革命：第一次是工业革命，核心是机器取代了体力，技术超越了技能；第二次是生产力革命，核心是以泰勒为代表的科学管理的普及，工作被知识化，强调标准化、可度量等；第三次是管理革命，知识成为超越资本和劳动力的最重要的生产要素。和体力劳动相比，知识工作者是否努力工作很难被直接观察和测量。与此相适应，管理的重心应转向激励，特别是动机的匹配。

如今，我们正面临又一次时代大变更——“创意革命”。从互联网到移动互联网，从云计算到大数据，未来学校将以智慧课堂为基本特征。相对应地，未来学校的成功之道，是能聚集一群以有创造力、洞察力、对学生的感知力为核心特征的具备创意思维的教师，并为其营造合适的氛围和支持环境。

以上可见，现行的传统学校管理中，层级严密的深井式管理方式、信息无法共享、缺乏沟通、注重事后利益分享的激励制度等，已经无法适应需要大量创造性劳动的现代学校的要求。

图 3-3　胡展航校长在党代表工作室与教师谈心

第二节 团队赋能：现代学校的高效管理

现代学校面临的信息时代与工业时代相比有了很多不确定因素，学校管理所处的教育大环境也有了很大变化。而我们身处的教育 VUCA 时代[V＝Volatility(易变性)，U＝Uncertainty(不确定性)，C＝Complexity(复杂性)，A＝Ambiguity(模糊性)]，是一个“新常态”、混沌的和快速变化的大环境，呈现跳跃性和震荡性，容易产生诸如信息爆炸、突发事件频繁、资源紧缺、教职员工投入度低等现象，给学校组织管理带来更多的管控风险。

在这样一个不确定因素频繁出现的时期，正需要我们以创新的勇气和能力构建一种现代学校管理制度，以“赋能”为核心，通过学校文化创设、共享目标、突破深井、加强沟通等给团队赋能，把垂直水平的指挥控制型的管理架构转变成网状的、灵活的、有韧性的有效团队组织。

一、明确管理者的角色定位，避免亲力亲为

管理这份工作的实质就是带领员工完成任务，而非所有事情亲力亲为。我们的周围经常出现两类管理者：第一类管理者希望对管辖范围内的事务发展拥有强大的掌控感，希望事情的发展态势始终处于自己的可控范围之内。他们往往有着比下属更丰富的经验，相信自己能够把事情做到最好，于是就怀疑员工，掌控一切而不愿意放手。结果是员工没有获得足够的信任，工作积极性不高，工作热情逐渐丧失。另一类管理者则每天受制于各类琐碎的工作，根本无暇做出全局性的战略判断。

实际上，现代学校的任何管理者都要知道，想要学校获得可持续发展，必须激发学校全体教职员工的潜能。在发展的过程中，允许员工大胆放手实践，允许犯错，理解犯错本身就是一个不断学习、反思和改进的过程。只有员工获得成长的空间和机会，才能培养他们的责任感，激发他们创造的热情。

在现代学校的管理团队中，执行、管理和领导三种角色缺一不可。

对于学校的管理者而言，所处的管理层次不同，三种角色所占的份额也有所差异。初级管理者的核心任务为完成任务，取得信任；中级管理者既能解决问题，又能营造氛围；高级管理者的主要任务就是营造氛围，如营造“可以不成功，但是不能不成长”的工作氛围，激励员工成长，借助员工的成长实现学校的发展和进步。

二、创设有认同感的学校文化

学校文化是可以真正把学校各部门联系起来的精神力量，它分为有形文化和无形文化两种。有形文化负载着一个学校价值观的物理表征，如学校大门的巨大宣传墙面、教室黑板上方的标语、干净整齐的校园。无形文化指的是学校教职员工共同拥有的价值观，如立德树人、追求卓越的办学理念，细节决定成败，促进创新，宽容地对待那些失败的尝试等。苏联教育学家苏霍姆林斯基曾经说过，对学校的领导，首先是教育思想的领导，其次才是行政的领导。一个学校的管理者若想有效地领导学校，实现学校的发展，就必须以积极的心态去营造和影响学校文化。

现代学校管理制度的核心“赋能”更依赖文化，只有文化才能让志同道合的人们走到一起。学校需要为教学创意工作者营造自驱动、自组织的文化氛围，反过来，这种愿意付出、拥护、共创的价值观和使命感又能吸引更多的教学创意工作者慕名而来，聚在一起，奋发进取。由此可知，现代学校管理组织的核心职能就是文化与价值观的营造。

广东番禺中学的办学理念为“立德树人，追求卓越”。为了共建能够让全体教职工和学生产生认同感的学校文化，我们对“卓越”二字的内涵进行了深层次的解读。

对于学校而言，“卓越”的意义在于号召全体教职员工在教育领域中“敢为天下先”，并“敢于突破过去的教育教学方式与模式、直面教学工作中的问题，能够创造性地解决问题”。这样的“卓越”精神内涵解读，符合“赋能”的现代学校管理制度，即营造激发教职员工创造性劳动的氛围。

对于学生而言，根据“卓越教育”的本质特征，“卓越”的文化精神及

图 3-4　胡展航校长向教育部基础教育司马嘉宾副司长介绍广东番禺中学现代学校制度建设发展情况

文化底蕴被解读为“卓然独立，越而胜己”。“卓然独立”是一种价值取向，强调自我奋发图强，包含志向不狭窄、人格不依附、思维不趋同、言行不虚浮四个方面。“越而胜己”，卓越人生需要认清自己。清醒地认识自我，不守旧、不迷失是超越自我的基础，即自我认知达到自我实现，包含自我日清晰、反思成习惯、人生会选择、发展能自觉四个方面。① 我们希望学生在高中阶段能够拓宽眼界，对人生、世界和宇宙等产生积极的兴趣；同学之间懂得个性与才华的互鉴互赏，培养独立的思维和人格；在追求理想的过程中，勤奋踏实，严格自律；通过学习心理学的前沿知识，从自我认知走向自我实现，“吾日三省吾身”，养成积极反思的好习惯；在认识自我和反思自我的基础上，学会“怎样选择”和“因何选择”，最终实现自觉发展。

基于此，广东番禺中学在卓越文化的引领下，共建追求卓越的学校氛围，通过鼓励教学改革与创新，实现教师与学生共成长，最终形成学

---

① 参见戴立益：《在深化教育综合改革中实现发展新突破》，载《创新人才教育》，2016(1)。

校全面发展的新局面。

三、打造互信和有明确目标的工作团队

1. 通过以人为本的管理理念，建立互信的教师团队

在教师管理上，坚持以人为本和“赋能”，鼓励教师的创新、发展和专业成长，实现学校环境和谐、管理高效，使教职工主体性得以充分发展。

【小故事】

关心的不仅仅是你的工作

“不苟言笑，常常在思考问题”，这是老师们在校园里见到我时的印象。“严谨、严格、专家型、学者型”，这是老师们在开会时对我的印象。因此，在很多老师眼中，我也许只关心他们的工作。数学科杨老师和语文科邹老师说他们曾经都是这样认为的。

新高三的教学工作开始了，第二天就要正式上课。傍晚，我突然接到杨老师的电话，他的妻子在医院诊断出疾病，需要动手术，据说省里的某些医院对这个手术的临床经验很丰富，他正在愁联系医院的事情，恐怕第二天不能上课。我听了之后，第一时间联系自己认识的医院朋友和学生，打听哪家医院做这个手术的成功率高，想办法联系手术医生。同时联系数学科组，安排原计划带高一的李老师准备第二天的课。当天晚上一直忙于打电话，为杨老师的妻子联系医院、医生、住院床位，到晚上九点，确定好了医院，安排第二天住院。杨老师不停地说感谢的话，说他的女儿在国外，还需要请假照顾妻子一段时间。我立即与负责教学的何校长、数学科组、高一和高三年级组沟通协调，安排李老师带高三，让杨老师安心照顾生病的妻子。新学期开始后，杨老师虽在科组中年龄偏大，但在担任两个班的教学的满工作量之余，仍乐意承担年级数学科的培优工作和引领青年教师的工作。杨老师说，从没想过胡校长会如此关心教师及家属。

语文老师邹老师即将退休，在年级安排工作时主动提出承担两个班的满工作量，看到年级级长惊讶的表情，邹老师笑着说：“我欠了胡校长两个星期的工作量呢!”原来邹老师的先生因为被评为公司的荣誉员工，获得一次免费带太太出国旅游的机会，邹老师向学校请假，如实说明了请假理由。在学校管理组讨论此事时，我建议批准邹老师的请假，说他们夫妻都是单位里很认真、很优秀的员工，为他们的家庭生活增添一份精彩，这是对他们工作的支持，也是感激他们多年来为社会做出的贡献。后来听年级级长说，邹老师逢人就讲，“原来校长关心的不仅仅是我们的工作”。老师们听了，觉得广东番禺中学不仅仅是一个工作单位，更是一个有爱的大家庭。在学校为邹老师举行的退休仪式上，邹老师感动得泪流满面。

在学生管理上，给学生成长搭建平台，提供载体，给出空间，努力培养情感丰富、身心健康、知识广博、思维活跃的适应新时代要求的人才。现代学校制度建设实现了学校管理中人本思想的归附。

2. 通过明确学校共享的目标，实现学校与教职员工个人的共同成长

在学校的教职员工之间建立互信，能够使整个学校具备重新布局的能力，并且在重新布局后“去做正确的事”，学校的员工也必须明确知道到底什么是“正确的事”。员工们必须全部向同一个目标努力，而在一个易变的、错综复杂的环境里，目标可能会发生变化。为应对错综复杂的局面，团队成员必须全面了解团队情况和总体目标。只有当所有的成员都理解任务的目标及完成目标的背景时，大家才能对正在发生的事情给出恰当、合时宜的评估与反应。

比如在广东番禺中学高一年级的班主任团队中，德育级长作为负责人，充当着确定和帮助大家了解年级工作目标的角色。高一新生入学碰到的最棘手的问题以“如何与同学交往、适应住宿和高中学习”为主，因此班主任工作团队的总目标即为指导孩子们学习与同学交往的正确方

式、尽快适应住宿的集体生活，让孩子们通过了解初高中学习的不同，构建自主自觉的学习模式，自主管理、科学分配、高效利用时间等。同时，我们也告诉班主任，学生以上这些问题的突发往往伴随着家长的焦虑，有着很强的不确定性，班主任们要多观察，防患于未然，以引导教育为先。开学不久，高一(16)班有一位家长因为孩子分到混合宿舍就认为孩子会遭受校园暴力，提出全级重排宿舍、全部班级混住的要求。我们立刻启动级长、班主任的小团队应对模式，班主任一方面向家长解释宿舍安排情况，另一方面向学生了解情况，获悉由于刚开学，同学们还不熟悉，该同学因为一个人住在混合宿舍感觉寂寞。班主任迅速安排邻近两个宿舍的同学在上下学、吃饭及所有课余活动时叫上该同学，减轻他的孤独感，增强孩子在新班集体中的归属感。接着，班主任把家长反映的情况和提出的要求与学生本人沟通，征询学生本人的意见。最终达成共识，学生本人表示愿意与家长沟通，做通家长工作，家长撤回了不合理的要求，问题得以顺利解决。

这个案例告诉了我们应该如何通过互信和团队目标信息的分享，构建团队自身的调整适应能力。这不仅仅会让成员个人获益，同时也会让团队中的其他成员从案例中获得可迁移的工作思路和方法。

我们在班主任例会上，也往往把各班出现的突发状况和过程中的处理方式与所有班主任分享，给出从学生角度出发，做通学生工作，通过学生与家长进行有效沟通与对话的最佳方案，从而建立班主任与家长之间的互信，便于班级工作的开展。

四、有效沟通，突破深井

1. 建立共享平台和机制，提供机会让各部门之间扩大沟通，促进合作

现代学校管理制度的核心“赋能”特别强调组织内部人和人的互动。随着互联网的发展，学校内部教师和教师之间的互动机制的设计，为教师们提供各自独立时无法得到的资源和环境，增加自发思维碰撞的机

会，可以大大提高学校各项工作的有效性。所以，促进协同的互动机制设计，是未来学校组织创新的重要领域。为此，我们采用的具体方法如下。

召开行政扩大会议，由各部门主管介绍各自最重要的日常工作、各项工作的时间节点，以及需要其他部门做哪些配合工作。会后各部门提供各自管辖事务办理的标准化流程，装订成册，以工作手册的形式发给相关人员学习参考。例如，办公室提供给新入职老师的报到手续，其中包括到总务处办理民生卡的流程、负责人姓名、需要提供哪些资料，临聘教师离职手续需要到哪些部门办理、负责人、需要归还哪些物品、涉及部门负责人签名等。这些都需要制定流程表，发到办事人手中。

召开全校教师大会，各部门介绍与老师们密切相关的一些事务的办理流程，如财务报销政策及流程、物业报修流程、医药费报销等。

每学期期末召开级长之间的年级德育工作和教学工作的交流分享会，邀请各年级的分管级长总结学期工作，指出工作的重难点、各自的工作思路、成效、反思及困惑等，给下一个年级的工作提供必要的帮助与指引。

召开各科科组长和各年级备课组长会议，分享各学科组建设的心得和体会，推广优秀经验，例如如何进行校本教研、如何培养年轻教师、优秀科组评选资料收集等。在会上提出问题和困惑，力争总结出一些科组工作中的共性经验供大家借鉴，发现共性问题让大家思考解决方案。

召开本年级优秀教师、优秀班主任的经验介绍会议，引导教师梳理总结自己的教学和工作实践，并在会上推广和分享，让团队成员受益，实现赋能。

2. 构建由小团队组成的大团队，打破深井界限

学校的各个学科组、各年级备课组、年级、班主任团队、班级团队从横向上看都能展示出互信和对目标的共同追求，但这些小团队的对外联系却是垂直化的指挥控制型结构(如图 3-5 所示)，每个小团队都与组织上层的某个机构连接互通，使得这些小团队就像流水线上的一个组装

工人(如图 3-6 所示)。团队与团队之间的横向合作互动往往容易受阻于来自垂直指挥控制型组织的架构，大大降低了团队工作的灵活性和应变能力。小团队本身的调节适应能力易被自上而下的层级组织束缚，因而小团队受困于自己的深井，对自己深井内的事务反应敏捷，但对井外的其他事务常常一无所知，无能为力。

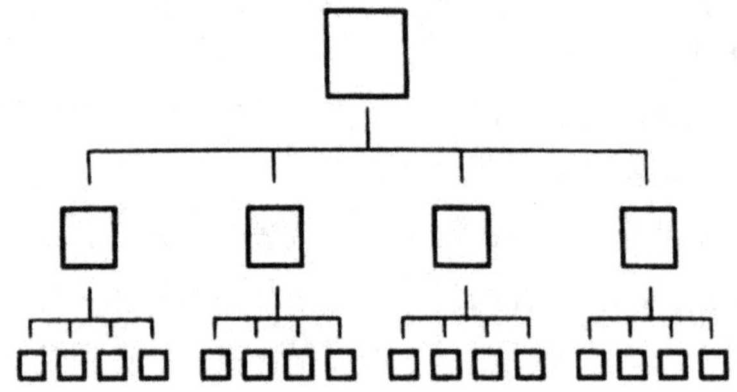

图 3-5　传统的指挥控制型结构

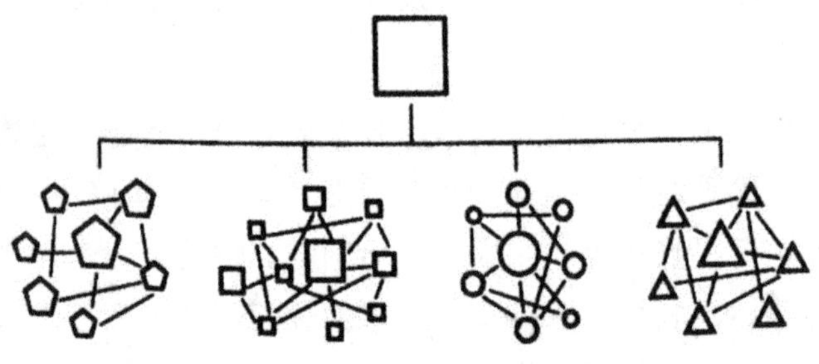

图 3-6　下层为团队结构，上层仍是指挥控制型结构

在现代学校管理制度下，我们需要构建小团队组成的大团队(如图 3-7 所示)，即大团队内成员之间的关系如同小团队内部成员之间的关系。例如，让学校各个行政管理部门的主管深入年级事务，承担年级主管，通过与级长、德育级长和教学级长组建的年级管理小组，把年级备课组、班主任和各个班级的小团队融合成一个大的团队，实现备课组与班主任团队交叉、班主任与班级科任老师交叉，小团队之间就可以通过

不同的组合产生许多交叉集合。这样，原来在各自深井中单打独斗的小团队，就可以通过团队交叉建立互信和目标共享，融合成一个大的整体。

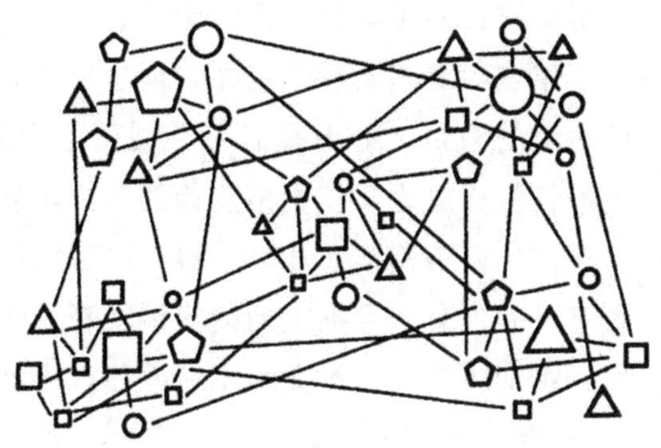

图 3-7 由小团队构成的大团队

3. 信息共享，打造体系思维

在垂直型的自上而下的学校组织中，每个部门往往容易只专注于自己领域需要的特定能力和任务，忽略学校管理的整体流程，这必然会造成管理部门之间信息的壁垒。例如，德育部门不断强调德育工作的重要性，教学部门希望获得更多的重视，总务部门也通过各种形式体现自己在学校组织中的不可或缺性。在这样的组织架构中，每个部门都只是往自己的深井内部看，他们看到的成败也只是从深井自身内部的尺度来衡量的。但事实上，从学校管理的整体性来讲，德育与教学工作本身就不是完全分离的，相反，彼此相互融合的程度越高，教育的效果越好。由此可见，德育、班级管理并不仅仅是班主任、德育级长和德育主任的工作，还应倡导学校教职员工全员参与，每一位教师、每一堂课都是德育工作的阵地。

再如，每年针对中考学生的招生宣传是高中学校的一项重要工作，为了吸引好的生源，学校的常规做法为在每学年第二学期到初中学校进行中招宣传。以往，中层干部分任务来完成此项工作，但效果总是不尽如人意。后来经过讨论，我们调整了思路，认为学校的每个教职员工、每个年级的工作都是宣传学校的一面镜子。通过与家长们的接触，我们了解到许多家长通过微信公众号来了解一个学校的动态，公众号信息的更迭、内容都直接影响家长们对学校管理的印象和看法。因此，公众号不仅仅是学校的大事年表，更是展示学校办学理念、思想，学习教育知识和展示学生在校生活的窗口。如果我们充分利用这个最便利的窗口，新入学的高一新生家长就将成为学校中招宣传的有力传声筒。为此，我们高一年级制订了严密的微信稿推送计划，对于推送的内容、频率、定位等做了周密的部署。微信公众号推文的内容涉及新生入学教育、家长会、学生习惯养成、军训生活等，推文的主题一律按古训风格，推出了“卓然独立，越而胜己”“文能提笔，武需自立”“积跬步，至千里；挂云帆，济沧海”的开学教育系列，“高山流水遇知音，长风破浪会有时”的家长和学生感言系列，“宝剑锋从磨砺出”“磨炼意志，挑战自我”“千锤百炼始成钢”“扎实训练促提升，全力备战大会操”的军训报道系列，让公众号成为高一新生家长和社会各界了解番中办学理念、学校教学情况、学生在校生活和军训生活的多棱镜。把年级的微信公众号打造成另一个中招宣传的网络阵地，其惠及的广度和深度不言而喻。家长和社会通过点滴渗透的信息共享窥一斑而见全豹，从而逐渐感知学校的卓越文化，这是一种长线宣传思维。

由此可知，学校的各项工作要想在各种因素高度关联的学校组织中平稳地运作，就需要每一个部门都能全面了解运作中的各个部门之间是如何互动的。每个部门为了确保自己部门工作计划的顺利进行，都必须能够看到学校管理体系的全貌。这就要求我们打破信息阻隔的壁垒，由信息控制转向信息分享，让组织内部变得更加透明，构建体系思维、全局意识，打造能够应变各种不确定性的灵活团队。简言之，只有纵观统筹，方能全局规划。

五、精心设计科学的激励机制①

一个高效的学校管理者一定要掌握激励教职员工的方法，和员工一起，共同实现学校的教育愿景。设计科学的激励机制，首先要思考以下问题：什么激发了员工的所思、所感、所为？什么因素使得员工愿意去工作、去创造、去成就？如果教师激励机制不健全，就可以说学校的表现仍旧不佳。因为教师的行为直接关系着学生的学习成就，而教师的行为又与学校的激励和奖励机制密切相关。

研究表明，现行的教师评价制度主要有两种，即奖惩性和发展性评价制度。奖惩性评价制度以奖励和惩罚为最终目的，是一种总结性评价，它以管理人员为主导，动力是自上而下、来自外部的；发展性评价制度则与教学过程并行，并渗透于每一个教学环节之中，它非常重视对过程的评价与调控，尝试以之达到促进发展与改进的目的。因此，学校应顺应教学评价发展的形势和主流方向开展研究，其主要指导思想包括：整合质性评价与量化评价；评价功能由重视甄别转向注重发展；重视评价情景的真实性；在对结果进行评价的同时，也要注重把对过程的评价用于教学效能的核定等。而要改革现行的教师评价制度，既不能以奖惩为评价的根本目的，也不能不注重发挥奖惩的激励和约束作用空谈发展，应以发展性评价为主，以奖惩性评价为辅，特别重视结果的反馈并以之适当地作为奖惩参考。这样，才能促进教师的全面发展。

教师评价一定要公平、合理、科学，既要体现教师教育教学理论和实践水平的高低，又要显示教师的师德水平、教育教学工作绩效、教师适应未来社会的发展潜力等。显示评价结果的方式也是决定教师评价成败的关键，学校的教师评价主要采用量化分值法、定性评价法等形式来显示评价结果。应当说明的是，形式本身无所谓好与坏，关键要看评价的内容和目的，学校要根据自身实际确定。

能否科学评价教师的工作价值，往往影响着教师甚至左右着教育的

① 杨鲜霞：《关于科学建立教师激励机制的思考》，载《教育与职业》，2011(12)。

发展方向。因此，建立健全的教师评价机制，是良好激励效果的有力保障。合理有效的评价体系和标准能为教师的成长指明方向，成为教师自我发展的强大动力。建立科学教师激励机制的对策主要有三个方面。

1. 构建新的激励机制

实施绩效工资后，很多学校习惯于物质激励，但效果并不是立竿见影的，究其原因，是因为教育工作毕竟不同于工厂生产，学校培养的对象及培养的效果远比工厂的生产及产品复杂得多，简单照搬工厂绩效衡量的做法是不利于提高教师的主动性和创新意识的。物质激励偏向事成之后的利益分享，而现代学校管理制度的核心“赋能”强调的是激起创意人的兴趣与动力，给予挑战。因此，单纯的物质激励往往难以满足教师的实际需求，作为专业知识性人才的教师具有强烈的自我意识，更注重精神需求，同时随着社会竞争不断加剧，教师自我完善的需求也逐渐增强。因此，只有构建新的物质与精神相结合的激励机制，满足教师自身发展的需求，才能使教师在适合的岗位上充分发挥自身潜力。

2. 多用正激励，慎用负激励

在实际工作中，学校常用的正激励手段有荣誉激励、尊重激励、培训和发展机会激励等；而负激励手段有批评、降级、降薪、淘汰等。一般来说，负激励犹如猛药，治理沉疴时见效快，但难以持久，所以还需慎用；正激励则如温补与调理，见效慢一些，对个别情况未必有用，但是坚持使用，疗效会更加持久。事实上，只要依据学校的现实状况，寻找合适的激励模式，慎用负激励，多用正激励，更多地体现人文关怀，就能使教师的积极性、主动性、创造性得到最大限度的发挥，同时使学校的发展目标得到创造性的实现。

3. 用辩证的观点看待教师的工作绩效

从目前多数学校对教师的评价现状来看，虽然管理者一直强调评价需兼顾德、能、勤、绩四个方面，但实际上最终依据仍然是学生的考试成绩，并把这种评价结果与教师的升职、评优等挂钩。于是，“优胜劣汰，奖优罚劣""末位淘汰"等考评导向也随之而生。这样的评价虽然在一定程度上对学校管理和教师工作起到了促进作用，但也容易造成教师之间的相互攀比、相互提防，在知识、技能上相互保留的情况。可见，这样的评价不利于教师的发展、教师之间的相互合作以及教师科研团队的形成，还有可能增加教师的职业倦怠感，使得某些评价结果不理想的教师情绪低落、工作积极性降低，甚至产生焦虑、抑郁的情绪，不仅影响教师群体优势的发挥，还可能严重影响教师的心理健康。

学生的学习成绩虽然与教师工作效果存在密切关系，但学生毕竟是有自我积极主动性的受教育者，加之影响其成长的因素多种多样且极为复杂，学生成绩的好坏与教师教学能力的高低并不是严格意义上的一一对应关系。因此，学校要从多方面进行综合评价，不能完全凭借学生成绩来评价教师的工作业绩，要以辩证的观点来看待教师的工作效果。

六、现代学校流程管理成果例说

为适应社会的快速发展，更好地提高学校管理效益，许多学校管理者都在积极探索新的管理模式，设计新型的管理架构以优化管理流程。近年来，一些学校在扁平化管理和教育集团化上进行了有益的尝试，收到了良好的效果。从某种意义上来说，这也是现代学校流程管理的成果，我认为值得借鉴和思考的有层级设计、行政管理扁平化、教育集团化等。

我带领班子成员"走出去，请进来"，广泛学习国内外名校的管理模式。在此基础上，以二师附中为现代学校流程管理样本，研制了制度设计流程、学校决策流程、业务管理流程、民主监督流程和社会参与流程。

(一)层级设计与行政管理扁平化例说

传统的金字塔式的层级式组织管理模式广泛应用于各种社会组织，学校也不例外，"校—处(室)—级、组(年级、科组)—班(备课组)—人(师生)"成为中小学最常见的组织管理模式。在这种模式下，下级对上级负责，责任逐层分解落实。但这种模式主要存在以下弊端：政出多门，协调不力；中间环节多，信息反馈慢，管理效率低；过分突出权力的集中，事事围绕行政事务，很容易忽视一线教师，既难以突出学校的中心工作，又容易影响教师的积极性。

现代管理学认为，当组织规模一定时，管理幅度与层级成反比关系。管理幅度越大，层级越少，管理组织结构形式越显扁平化。目前，许多规模较大的学校在组织管理结构上，已经开始打破传统的“金字塔式”管理模式，对“扁平化、低重心”的以“年级组”与“处室”相结合的管理模式情有独钟。这种新模式以其“权力下移”“反应速度快”“责任承包”为特点，在大型学校的管理中发挥了一定作用。

河北衡水中学的“双级部管理”模式创新是典型例子。该校根据规模大、管理难度大的实际，确定“管理重心下移，领导工作下派”的“低重心管理”思路，即实施以级部主任为核心的级部管理负责制，每个年级成立年级部，设立级部主任，竞聘上岗。在日常工作中，级部主任处于全年级管理的中心地位，对年级部的整体工作全面负责。在学校职能部门指导下，级部主任任命学科组组长。在年级部主任负责制的基础上，该校又创立了“双轨制动系统”，即同一个年级在师资、生源上平行切开，合为两个级部，平行的两个级部在教育、教学等各方面进行评比，以评比形成竞争，以竞争促提高。各年级部在这样的“双轨制动系统”运行中，能较好激活教师个体潜能，优化教师群体效应，促进工作高效、动态开展。

广东中山市黄圃镇中学的案例也比较典型。该校作为中山市办学规模较大的农村中学，采用扁平化、低重心的两级管理模式：校长—年级处。各年级设主任一名，原教导处、政教处功能，分散到各年级处，三位副校长分管一条线并驻级指导。校长为决策层，年级处为执行层，年级主任全面负责本年级的教育教学工作，直接管理本级学科教研组，中层部门为服务和评价机构。该校同步推进三方面措施：一是管理中心下移，权力下放；二是启动内部人事制度和分配制度改革，将教师的聘任和经济分配权下放到年级处，努力使年级处真正成为集职、责、权、利为一体的管理主体；三是及时发布和反馈信息，强化群众的监督职能。

从两所典型学校的经验看，扁平化组织结构的优势在于管理流程短、上下联系渠道直接，可以减少管理人员、节省管理费用；管理流程畅通，有利于信息沟通，减少信息失误，有利于提高管理效率；扩大下级管理权限，有利于调动下级人员的积极性、主动性，提高下级人员的管理能力。其劣势在于因管理幅度加大而造成横向协调难度的增加，易使组织领导者陷于复杂的日常事务之中，造成长远发展战略管理的缺失。

综上所述，在现代学校制度设计中，既要与时俱进，大胆改革创新，尤其在学校层级设计与管理中敢于突破常规、优化设计，提升办学管理水平；又要注意统筹兼顾、趋利避害，实现学校组织设计与实践效率的最大化。在二师附中，我根据学校管理的特点，把学校管理流程从顶层到底层一分为三：学校层流程、运作层流程和底层流程。

这三个层级的学校管理流程框架都由“输入”“输出”“业务”“监督检查”“分析改进”等环节构成。其中，“业务”流程是主体；“输入”为“业务”提供依据，如学校层流程的“输入”即学生和利益相关方的需求；“输出”即实现流程目标，如学校层流程的“输出”即教育服务；“监督检查”为“分析改进”提供依据；“分析改进”则为“业务”的优化与提升服务。

1. 学校层流程

学校层流程是学校最顶层的流程。其中的“业务”主要分为三个层次：(1)核心业务层。包含的要素有课程管理、教学管理、学生管理、德育管理、体育卫生管理、客户关系管理。各环节既独立运作，又相互协作，共同支持学校战略目标或绩效指标的实现。(2)技术及人力资本提供层，为核心业务层提供技术和师资保障。包含的要素有教师管理和科研管理。(3)资源保障层，为核心业务层、技术及人力资本提供层提供物质保障。包含的要素有设施管理、经费管理、社会工作管理。

2. 运作层流程

运作层流程是由学校层流程派生出来，并支撑学校层流程实施的中间层流程。运作层流程系统的“业务环节”主要包含九个要素：教学管理、德育管理、学生管理、课程管理、体卫管理、科研管理、设备设施管理、客户关系管理、教师管理。每个运作层流程均自成体系，且相互协作，共同支撑学校层流程的运行。

3. 底层流程

底层流程是由运作层流程派生出来，并支撑运作层流程实施的底部流程。如上所述，运作层流程系统共包含九个流程(要素)，其中每个运作层流程又由若干个底层流程构成。例如，备课管理流程中，以运作层教学管理流程中的教学目标、本节课三维教学目标为“输入”；以实现本节课的教学目标为“输出”，涵盖了备课资料准备、教学目标设置、教学重点难点确定、教学方法手段选择、教学过程设计、板书设计、作业设计、课后反思等“业务”环节(即“步骤”)。因此，各项“业务”环节都是运作层流程派生出来的底层流程。

(二)教育集团化例说

重庆市巴南区鱼洞第二小学成立于 1950 年，1981 年被确立为原四川省首批重点小学，2002 年被评为重庆市示范小学，学校在市区均享有较高声誉，先后获多项国家级、市级荣誉称号。近年来，该校积极探索教育集团化管理，打造学校品牌。目前，该校已发展为拥有三个校区和一个附属幼儿园的优质教育集团化学校。鱼洞二小探索统筹管理与相对独立相结合的集团化管理新模式的成功，不仅助推了学校可持续发展，而且也促进了城乡教育的均衡发展。

近几年，中国出现了不少像鱼洞二小这样的教育集团，广州也顺应时代潮流，出现了两批市属教育集团，如广州一一三教育集团、广州六中教育集团、广大附中教育集团和广铁一中教育集团。教育集团的出现，是生存的需要，也是教育可持续发展的必然。其突出特点是规模化办学和优质教育资源的做大，其根本动力在于社会对优质教育资源的消费需求。

集团化办学的主要优势在于如下几方面。

1. 体制优势

教育集团化，就是把教育体系内参与市场经济活动的部分内容引入集团化概念，实现优势占据市场的组织形态。因此，教育集团化办学最突出的优势是体制优势。它产生并发展壮大于市场经济，因而对社会需求最了解，对市场反应最灵敏，能够做到因时而动，与时俱进。同时，教育集团内部运行机制灵活且互补性强，既可以通过集团化的整合重组实现不同学校的优势互补，又可以以名校领衔，带动整体跨越升级。此外，办学规模的扩大也可实现人、财、物的统筹调配，实现优质资源利用的最大化。

2. 科研优势

教育科研是立校之本、兴校之策。教育集团可以通过整合教育集团内的科研力量，形成全方位、多层次的研究格局，从而占据教育科研的前沿制高点。

3. 教育的拓展优势

一方面，教育集团化有利于形成终身教育体系，实现教育从校内到校外的延伸；另一方面，教育集团化有利于走向教育国际化，形成国际教育集团。

集团化办学优化了学校内部管理体制和运行机制，带动其他学校的改制和改造，有利于建立现代学校制度。教育集团化是教育适应市场竞争的必然结果，其给学校带来的观念创新与发展动力，有利于实现学校的自主管理和自我发展，实现教育投资方式和办学主体的多元化，加快教育进步。

教育集团化必将历经竞争、淘汰、整合的过程，使资源在一定区域和系统内进行重组，促进资源的合理布局和优化配置，实现教育资源效率最大化。同时，有利于教育内部的系统化、规模化经营，有效消除校际壁垒，促进教学人才、资源、信息的交流互动。此外，教育集团化打破区域、条块分割，使不同地区和城乡之间因经济发展造成的教育不均衡问题得到更快解决，有利于促进校际和区域教育平衡，为社会提供更多优质教育资源和多样性教育服务。

当然，教育集团化的优势和优点不是天生的，其管理效能和社会效益的实现取决于两个关键点。

一是集团内部要做到“三个一致”，即办学理念一致、人员权责一致、绩效考核方式一致。同时，制定切实可行的集团章程和中长期发展目标也是必要的。在二师附中时，我组织人员制订了“广东第二师范学院番禺附属中学中长期发展规划(2010—2025)”，从学校现状分析、发展策略、发展任务、保障措施四部分制订了具体规划。

二是加强教育主管部门的督查指导。要加强国家教育法律、法规建设，为多元化教育市场体系的形成创造良好的空间和环境。同时，构建政策导向机制，引导其有序发展。更要通过实行教育机构设立准入制和备案制，加强宏观管理，规范办学行为。另外，加强收费审批和教师资格管理、学校等级评定和教学质量评估等，同样是促进教育集团化健康发展所必需的。

当前，为满足群众对优质教育日益增长的需求，不少地方都在探索组建以区域内名校为依托的教育集团，探索教育发展新模式。我来到广东番禺中学后，积极探索教育集团化办学，遵循教育集团化办学的规律，因地因校制宜，厘清“做大(规模)、做强(效益)、做特(特色)”的发展目标与“大做(为大而做)、强做(勉强而做)、特做(为做而做)”的关系，进而根据市场需求，科学论证，稳妥规划并实施，并且邀请专家团队，制订“广东番禺中学集团化办学研究方案”。

在现代化学校管理中，应坚持对不同学校采用不同的改进策略和方法。广东番禺中学与二师附中相比，教学的基础和生源都要好很多，但教师平均年龄偏大，因此需强调建设现代化学校管理制度，追求“以人为本，追求卓越”的教育理念，通过“支持创新，鼓励优异”的教师专业发展机制，建设和谐、高效的学校管理团队，从而建设学习型学校。我坚持与时俱进，通过信息技术应用改进学校装备并不断更新软硬件，持续学习，在教育教学和学校管理中掌握并有效运用信息技术，创设与技术环境相适应的教育教学模式，同时革新学校管理制度和机制，推进信息技术与学校教育的有机结合，让信息技术与课程教学有机融合的教育教学模式成为常规。此外，我也高度重视学校公共关系管理，营造良好的公众形象，让学校的社会美誉度不断提高。

我在博取众家之长的基础上，开始了广东番禺中学教育集团管理架构、管理制度和管理文化的设计。集团确定以广东番禺中学及附属学校为龙头校，探索“龙头校＋联盟校”的组合式办学路径，通过建立集团学校章程的办法，构建“集团运行，统一管理，资源共享”的运行机制，管理集团宏观运行。我在集团建设过程中坚持三项原则：一是坚持稳中求进原则。以区位合理、规模适度、层次分明为着眼点，在充分调研基础上，把集团化办学顶层设计与设点布局相结合，明确发展目标，落实改革举措，确定发展方向与办学规模，分阶段分步骤实施。二是坚持辐射带动原则。依托广东番禺中学品牌，发挥品牌辐射带动作用，推动集团内师资、课程、管理、校园文化等方面的相互交流与协同创新，培育教育品牌，实现优质教育资源共建共享新局面。三是坚持均衡优质原则。推进教育集团的核心目标就是要培育更多的优质教育资源，重要任务是促进优质课程资源共建共享和骨干教师的合理流动，健全现代教育治理体系，提升教育品质。在集团化办学过程中，将通过管理机制创新、人才贯通培养、课程文化一体化、师资队伍优化等举措，形成多层次、多形式的教育实体，办好集团每一所学校，更好地满足人民群众对优质教育的需求，探索出一条培养适应新型现代化城市建设，具有岭南特色、国际视野、创新思维人才的新路径，建设与“现代化大都市时尚创意都会区”相匹配的番禺教育。

图 3-8　2018 年 10 月，广东省“2017 年广州市政府履行教育职责”考核组到番禺中学考察

第四章 文化科研——“水的载歌载舞，使粗糙的石块变成了美丽的鹅卵石”

正如优秀的企业必须有优秀的企业文化一样，优秀的学校鲜有不从学校文化角度思考其管理和发展的，只有基于“以人为本”的管理价值驱动，把文化置于管理的中心，以文化统领人的发展和学校的发展，才可能在学校发展中实现最高层次的和谐。教育科研质量关系到学校的办学效益，是衡量教师队伍和科研能力的主要标志，而学校的教育科研也离不开学校文化。地处广州番禺区市桥街道，一直以来受岭南文化的浸润，二师附中对真教育有不懈的追求。因此，在学校科研中，我倡导文化科研，注重儒家传统与现代精神的结合，同时结合建设“开放的、包容的、多元的”一流大学附中的目标，提出了“学为君子，兼善天下”的校训，传承了儒家文化和本土文化，形成了“崇尚君子”的文化传统，明确了“培育现代君子”的办学理念。

“不是铁器的敲打，而是水的载歌载舞，使粗糙的石块变成了美丽的鹅卵石。”印度诗人泰戈尔的这句话道出了文化科研的纯美境界——铁器的敲打，会使石块破碎，或使其棱角更加分明，锋芒更为逼人；而载歌载舞的行进，温婉细腻的琢磨，则能让石头变得光洁圆润。文化科研正如载歌载舞的水，对师生是润物细无声的人格滋养。可见，坚持“以人为本”的现代学校多元人文素质教育，凸显人文关怀，通过合适的教育来塑造人、改变人、发展人，不断确立师生在学校中的主人翁地位，尊重每一名师生，关注教师的专业成长，关注学生的全面发展，就能够形成优良的教风、学风，营造健康向上的文化氛围。

近年来，以人为本似乎成了一句人人都挂在口头上的流行语，但其本质特征却鲜有人去深入研究，而我则一直注重追本溯源。

第一节　以人为本：现代学校的多元化人文素质教育

一、理论依据

(一)人本主义教学理论

人本主义心理学是 20 世纪五六十年代在美国兴起的一种心理学思潮，其学习理论有以下几个特点：一是自主性，即学习是个人主动发起的，学习者内在的思维和情感活动极为重要。二是全面性，即个人对学习的整体投入全面涉及认知、情感、行为、个性等。三是渗透性，即学习能够对认知、行为、态度、情感等多方面发生作用。罗杰斯强调，教育的任务在于帮助人们满足“自我实现”的需要，就教学问题提出：在教学目标上强调个性与创造性的发展，在课堂内容上强调学生的直接经验，在教学方法上主张以学生为中心，让学生自我选择、自我发现。人本主义学习理论改变了传统教学中面对面的教学结构，使教学过程转变为学习过程，其主张的“以人为本”“全方位”的学习，为二师附中“参与式”课堂教学模式中的“教与学”的辩证关系提供了理论依据。在教学过程中，我们要充分张扬学生的个性，不断调动学生的内在学习动机，并要求创造和谐融洽的教学人际关系。

(二)脑科学与学习心理学理论

从广义来讲，脑科学是研究人脑的结构与功能的综合性学科，它以揭示人脑高级意识功能奥秘为宗旨，与心理学、人工智能、认知科学、创造学以及教育学等一些跨领域研究的学科有着密切联系和交叉渗透。① 以人类意识和智能的脑机制为基本研究命题的认知神经科学就是脑科学的大量分支学科之一。认知神经科学是近年来发展非常迅速的脑科学研究领域，它的基本使命就是试图揭示人脑是如何调用包括分子、细胞、脑组织在内的各个层次的组件，乃至全脑是如何去实现自己的认知活动的。对脑认知科学的深入研究为更好地推动教育教学的快速发展打下了坚实基础，二师附中以“小组合作，先学后导”为基本特征的“参与式”课堂，倡导的是以学生为立场，提高学生自主性，注重教学多样化，而这些目标的实现都依赖于脑科学以及认知科学的不断发展进步，为“参与式”教学理念的更新、教学模式的制定、教学方式的创新提供基础资料和理论依据。

（三）建构主义理论

建构主义的多种形式源于早期对教育的讨论。建构主义既强调什么是教学，又强调如何让学生共同学习重建当前的知识，学会探究并培养学习能力；即教师要直接传授知识给学生，同时，也要教学生如何学习知识。其核心内容如下：一方面，学习就是建构知识的过程。在学习进程中，大脑存储信息、组织信息，同时修订先前的思想。学习不是简单的吸收知识、观点和技能的过程，而是重新建构新材料的过程。另一方面，思想是与生俱来的。孩子们学习文化，尤其是存在于家庭和社会中的文化知识。由于我们在特定的文化环境中长大(应注意我们天生就有学习语言和文化的能力)，我们从小就形成了独有的信息和思维系统，掌握了自己与人交往的方式以及适时表达这种语言和文化的能力。这时，如果有新的信息被吸收，我们就能积极地重建现有的思维体系。

建构主义者认为，知识和文化一样，不仅可以由教师和家长传输给学生，而且学生在接受教育的过程中通过对信息的反馈也会获得知识。

---

① 刘春雷、陈睿渊、冯义东：《脑科学视角下的教育技术理论与实践》，载《开放教育研究》，2009(6)。

教学模式和设计良好的指导方法也有助于学生建构知识。

(四)南宋朱熹的教育理论

南宋理学家、教育家朱熹为白鹿洞书院订立了《揭示》(即学规)，其中一条引自《礼记·中庸》："博学之，审问之，慎思之，明辨之，笃行之。""审问""慎思"和"明辨"体现的是学生的独立研究、思考、辨别能力，书院的教学多采用问难式思辨，注重启发学生思维，培养学生的自学能力，提高学习兴趣。朱熹重视提出疑难，他认为读书必须有疑，"疑者以研其微"，"疑渐渐解，以致融会贯通，都无所疑，方始是学"。朱熹的"审问""慎思""明辨"的思维模式和问难式教学方式，为"参与式"课堂教学提供了有益的经验。同时，二师附中的八字学风"立品乐学，善思明辨"即源于朱熹的这一论说。

二、坚持能力本位教育，奠基学生终身发展的能力

(一)能力本位教育

能力本位教育思潮是始于 20 世纪 60 年代的一股世界范围的职业教育与培训思潮，它以获得岗位操作能力为目标，提倡以能力为基础的职业教育体系。它引起了世界范围内的广泛关注，一度曾为世界职教教学改革的发展方向。能力本位教育中的一些思想，可以为当下的高中教育提供借鉴。

传统的"知识本位"教学模式以传授基础知识、专业知识和专业技能为主，多采用老师讲、学生听，老师写、学生记的"填鸭式"教学方法。尽管从 20 世纪 90 年代开始有一些变革，但是"满堂灌"的教学方法仍然存在，忽视了对学生能力的培养。与传统教育模式相比，能力本位教育以能力为教学的基础，有以下优点：一是满足不同学习能力学生的学习需求。能力本位教育能够激励那些在传统课堂上基础薄弱的学生，因为传统课堂上的课程与他们的发展需求并不是很相关。而优秀学生能够提前修习课程，并不会对学习产生厌倦。二是为学生的大学学业做更好的准备。当前的经济和社会状况对学生的要求越来越高，毕业生必须能够

证明自己具有批判性分析以及解决问题的能力，这样才能为大学学习或参加职业工作做好准备。因此，只是简单地通过考试升入高一年级，不再是学生的单一选择和目的，他们完全可以通过能力本位教育的方式实现提前修习与准备，而且能力本位教育也能教会学生如何学习一门终身需要的技能。三是能够帮助教师成功教育更多的学生。首先，相比于传统教育模式，能力本位教育为教师传递知识提供了更大的灵活性，以解决学生学习风格与方式不同的问题。其次，能力本位教育能够为教师配套提供最大化满足个体学生需求的资源。再次，能力本位教育会对教师有一定的培训，可以让教师更加擅长营造分层的学习环境，这会使全体学生受益。最后，在保持学生学习成就标准不变的同时，能力本位教育能够帮助教师成功教育更多的学生，给整个社会的发展带来更多的生力军。

(二)能力培养

二师附中的参与式教学的课堂结构，包括“预习检查，交流展示”“释疑解惑，互动生成”和“达标测评，小结提升”三个环节。将学生以上能力的培养渗透在每一个环节中，同时又有所侧重。在“预习检查，交流展示”这一环节中，既包括学生课前自主学习能力的培养，同时也通过教师在学案中设置的关键问题来培养学生质疑、思维的能力，并鼓励学生将思考、质疑的问题提出来，在课堂上和同学进行探究。在“释疑解惑，互动生成”这一环节中，围绕学习目标，针对检测展示环节暴露的问题，教师“淡出”，坚持“任务驱动”和“问题导向”，让学习小组充分互动，开展自主学习、合作学习、探究学习，把未知问题解决，对于解决不了的问题，教师再参与进来，进行启发点拨，这充分培养了学生的自主学习、合作探究能力。该环节是课堂的主轴，利用自主、合作、探究等方式，使方法的获得、能力的提升、新疑问的产生成为这一环节的主要任务。在“达标测评，小结提升”这一环节中，让学生评价自己的学习收获，反馈存在的疑惑，形式可以是当堂检测、变式训练，以随时反馈并矫正。这不仅培养了学生的自主学习能力，而且让学生在变式训练中不断加强自身的知识迁移、创新能力。由此，这些能力的培养渗透在参与式课堂教学的每一个环节中，通过参与式课堂，让学生的自主学习能力、思维能力、质疑能力、探究能力和创新能力得以培养和提升。

三、坚持以人为本，重构新的教育教学生态环境

现代学校教育观认为，好的学校教育应该能让每个学生都得到主动、全面发展，好的课堂教学应该能让每个学生都主动、有效地学习；好的学生应该全面发展，有事业心和责任感。这也是我一直努力的方向。

(一)坚持学生立场，构建“文化课堂”

二师附中基于学生能力培养的“参与式教学”重构了新的教育教学生态环境，让课堂由秩序导向转向文化导向。“参与式教学”构建了有利于和谐发展、提升教育效能的新的教育生态教学环境，坚持学生立场，构建“文化课堂”。受传统教育模式的影响，我们一贯坚持教育教学就是教师施“教”，学生勤“学”，教学互进，教学相重；但实际上在教学过程中却是“教为主动、教师权威，学为被动、学生服从”。当前，课堂教学中缺乏学生立场的现象仍然存在，这剥夺了本属于学生的时间和空间，容易造成学生在学习中缺乏主体性和主动性，抑制了学生的积极性和创造性的发挥。坚持学生立场，就是改进教师的围观课堂，把时间、空间和主动权还给学生。

(二)坚持生命立场，进行“生命化教育”

华东师范大学叶澜教授认为，个体生命的发展具有多面性和相对无限性，个体的发展贯穿于生命全程，从生命的孕育开始到个体的死亡终止。“教育者对全部教育过程的规划以对人的生命发展的能动特点的尊重和开发为最重要的支点。”促进人的自我教育能力的形成是教育的重要目标之一，增进人的生命的主体意识被视为时代对教育功能的重要规

定，自我发展能力的强弱成为判断教育真实成效的重要指标之一。[①]

1994 年，叶澜指出：“我们将会看到真正人的教育，充满着生命活力的人的教育；我们不再把教育简单当作现存知识直接传递的过程，而是看作生命与生命的交往与沟通的过程，只有有了这种生命的沟通，才能深刻地实现对生命发展的影响。”

人能够把自身的发展当作自己认识的对象和自觉实践的对象，人能够建构自己的内部世界。在一定的条件下，人具有促进自己发展的可能，人不仅是先天因素与环境相互作用的产物，也是自我选择的产物。只有达到这一水平，人才在完全意义上成为自己发展的主体。这意味着在教育领域对人的生命存在于发展的认识走出了形而上的“抽象的人”的模式，也走出了把人的发展等同于其他生命发展的“动物化”的模式。

教育的一切是为了人，教育的最终结果要使人发生变化。新基础教育研究强调以生命观为核心的教育观念转换，努力改变学校的日常教学生活与班级生活，实现实践层面上师生生命存在意义上的转换。

新时代基础教育，要求“把课堂还给学生，让课堂焕发生命活力；把班级还给学生，让班级充满成长气息；把创造还给教师，让教师充满智慧的挑战；把个体精神生命发展的主动权还给师生，让学校充满勃勃生机”。教育不仅要“成事”，更重要的在于“成人”。

师生的交往是生命的“相遇”，教师直接面对的是学生的生命，对学生的教育影响是通过教师的整体生命而发生的。对生命潜能的开发和发展需要的满足是教育的责任。教育的价值在于促进学生的生命发展。教师主动、积极地投入学校的各种实践是他们生命发展的本真体现。叶澜教授非常强调教师的生命意义和生命发展，要求新型教师具有自我发展的意识和能力。她认为，在应然的层面上，为适应社会的要求，教师应该追求自我的发展，实现生命的价值；在实然的层面上，教师具有自我

---

① 参见刘德华、李勋亮：《叶澜基于生命立场的教育思想解读》，载《教育科学研究》，2011(11)。

发展的潜在动力，这种内在动力正是构成教师与时代同步甚至超前发展的最根本的保证。在叶澜看来，教师的生命发展并不等同于当下流行的专业发展。“教师的专业发展”重在强调专业与职业的差异。而“教师发展”旨在关注具体而丰富的个体，强调个体生命发展的整体性。杜威曾说，“没有人只是一个艺术家，此外一无所能，要是他接近这个地步，他就是一个没有很好发展的人”。很显然，杜威从否定的层面强调生命发展的整体性，明确反对生命的片面发展。叶澜借用杜威的话说，教师应该追求生命的整体发展，而不是极度的片面发展之外的“一无所能”。

(三)坚持科研立场，构建“学习共同体”

学习共同体最早发端于经济领域，是学习者在共同目标的引领下，在同伴支持和知识共享的基础上，通过对话、分享、协商、反思等实践活动，以有意义学习为目的，以促进个体发展为旨归，以追求共同事业为目标的特殊组织形式。①《国家中长期教育改革与发展规划纲要(2010—2020年)》指出，要创新人才培养模式，创新教育教学方法，注重学思结合，倡导启发式、探究式、讨论式、参与式教学，帮助学生学会学习。而二师附中的“参与式教学”这一模式，以“小组合作，先学后导”为基本特征，由自主为重转向自主与合作兼顾，指向人的核心素养，正是践行了纲要的要求。实践证明，合作比竞争更能使学习者学会与他人相处，处理好个体与群体的关系。在学习中得到他人的帮助和指导，进行高水平的发散性思维，得到同伴的承认和支持，能促使所有学生积极参与活动并承担义务，增加了学习成功的可能性。在“参与式教学”的学习环境中，小组合作，学生往往相对而坐。在班级教学中，教师与每个同学交往，同时每个同学之间也进行交往。这种师生交往与同学交往相结合的方式既有利于提高班级成员的积极性，又便于迅速协调意见和使问题得到正确解决，同时增强教师在班级中的地位和威信，突出了教

① 袁利平、戴妍：《基于学习共同体的教师专业发展》，载《中国教育学刊》，2009(6)。

师的主导地位，使师生关系变得融洽，从而使班级学习更有成效。

1997年，美国西南教育发展中心(SEDL)正式提出了教师学习共同体概念，并对教师学习共同体进行界定，认为学习共同体是由具有共同愿景的管理者与教师组成的团队，他们进行合作性的、持续性的学习，并最终促进学生的学习。例如，二师附中积极吸收相关经验，构建了以备课组为单位的教学研究学习共同体，旨在提升教师专业发展整体实力，构建良好的教师文化和教学文化，以老带新，提升备课组整体教学水平。具体措施包括两个方面：一是构建“教师工作室”学习共同体。构建教师工作室时，要凸显“个性化”的主题，让需求不同的教师都能找到适合自己的学习共同体，通过学习、交流与合作，帮助教师们激发共享意识，唤起教育激情，提升自我教科研能力，最终找回自我价值的认同感。围绕共同的主题内容，教师们能够在相同的学习环境中建构一个充满专业自觉且具有独特文化的氛围，从而打破思维定式，审思自身教育实践，激发专业发展欲望，能极大激发教师学习的主动性、积极性和自觉性以及专业自主发展的责任感、成就感和主体性。二是构建“新高考新课改研究”团队。一个优化的学习共同体往往能够形成一种共同奋斗的团队意识，能凝聚教师的集体智慧，激发教师的整体潜能，使教育工作焕发出强大的生命活力，有助于协助学校制定新高考、新课改的预案。

无论在哪一所学校担任校长，我都会一如既往坚持文化教研，让教师学会用一种新的方式从事教育教学工作，不断增强教师的教学专业能力，提高教育教学水平，完善教师职业观念，增强教师改进教育教学的道德责任，形成新型的教学文化，促进教师职业的专业化，真正实现“科研兴校”。

图 4-1　广东番禺中学化学科组“全家福”

【小故事】

我带教师去送教

未到广东番禺中学时，我就听说老师们的个人教学能力强、素质高，但一直很奇怪本地教育界学校出名的老师较少，能有话语权的也不多。经过两个学期的听课后，我发现教师们的确具有一定的教学水平，但是缺乏展示的机会，缺乏凝练教育教学风格的动力。正值番禺区教育局拟定与赫章、威宁开展第四次三地联合教研活动，我让教导处主动拟订详细计划，率领包括正高级教师、特级教师、科组长、备课组长、骨干教师等在内的 10 名教师组成送教团队。

组建送教团队时，老师们既激动又紧张，激动的是学校对自己的信任，有机会去送教，紧张的是第一次异地送教，有的甚至是第一次进行专题讲座。我发现老师们的信心不足，便安排制作工作手册，内含老师们的简介、照片等，老师们需提供两百字左右的简介和最美的照片，其目的是让老师们对自己有信心。老师们看到精美的工作手册对自己进行了专家般的介绍，信心倍增，马上表示要珍藏。国庆假期，我几次回校值班都看到老师们在办公室备课、准备讲座。我非常感动，走过去对他们说："老师们，你们正在最好的状态，加油！"

10月14日，我们的送教团队出发，大家一见面都会心地笑了，10位老师都满面春风，精神抖擞，我笑言看到了历史老师蔡老师最帅的时候。他们说这次是代表学校的荣誉，一定得重视，除了结婚，就数这次的打扮最精心了。一路上老师们都在谈论授课可能遇到的情况，担心由于不熟悉学生会遇到的难题。我为老师们开了一个简单的碰头会，阐述了自己多次异地授课的体验，与老师们交流了如何实现教学目标、组织课堂活动、运用课堂机智等，让老师们好好休息，第二天发挥最佳水平。紧张的联合教研活动开始了！

在威宁的教研一完成，有人欢喜有人忧。英语老师彭老师非常激动地跑过来说："报告校长，我们胜利完成任务！"说完她还与美术老师谢老师摆了一个胜利者的手势。我诧异彭老师是老师们中异地授课最多的，怎么还会如此激动，原来这是她第一次在异地对1000多名学生进行的类似年级会议的讲座，而且非常受孩子们欢迎，很多学生举手提问，难怪让初当级长的彭老师如此激动了。我也开心，但深知做学生工作的不易，还是冷静地说了一句："不但要耕好他人的田，也要耕好自己的田。"另一位教物理的彭老师却似乎面露愁容，原来是学生在课堂上出现数学计算的问题，她为了不让学生有挫败感就说了以后会学到的，但心里觉得不安。我详细了解了情况，说明这是这个学段的学生不能回避的问题，虽然不是物理问题，但是学科相通，碰到问题时不能回避，应该引导学生学习基本的理科知识，并同她具体探讨了如何处理类似问题的方法。她豁然开朗，第二天在赫章上完课后，心情大好。

我们先后为威宁、赫章两地的中学校长、中层干部、教师、学生展示了12节示范课，举办了18场专题讲座，分别进行了针对学校校长的专题培训"现代学校制度建设"，针对学校中层的讲座"科学　规范　精细——现代学校教学流程管理"，针对高一全体学生的讲座"活力课堂　活力人生——现代学校高中生发展路径探索"，以及物理、化学、生物、历史、地理、政治等学科的同课异构和专题讲座，全方位协助威宁和赫章从学校管理层面到一线教学的有效课堂构建，进一步推进了学校管理和课堂教学改革。

历时四天的联合教研活动，让这支送教队伍成为一个教师学习共同体。在活动总结会上，我让老师们敞开心扉，各抒己见。老师们纷纷表示这次活动让自己受益匪浅，能把自己的教学方式分享给贵州的师生，让他们获得了很强的事业成就感，并且收获了很多感动。虽然学生的基础不够好，但是学习态度很好，配合程度很高，对老师也很感激。化学老师唐老师说授课学校的很多领导、老师都在听课，学生也非常热情。在课后的学生访谈中，4 班的班长特意来说：“老师，不好意思，我们本次做得不够好，如果有下次，我们一定能做得更好。”班长的一席话，让唐老师感动得热泪盈眶。生物老师李老师说感触不少，原来一直认为自己很辛苦，但看到当地办学条件艰苦，因为在山区，老师们每天上课要爬很多楼梯，班级人数多，条件之艰苦无法想象。地理老师任老师说：“胡校长，我终于明白了您为什么经常听课，明白了您的勤奋和敬业。我们那么好的条件，一定不能辜负了人们对教育的重托。”我感谢老师们为这次教研活动的辛勤付出，希望老师们把教育教学研究坚持到底，表示愿意为老师们创设更多的平台做出更大的努力，同时坦言教育管理中的苦衷，表示愿意带领老师们一同攻克一道道难关，还和老师们聊聊小孩教育和家庭趣事。老师们说没想到平时不苟言笑的胡校长如此善解人意，政治老师董老师说一定要用两个词来总结校长的个性——真诚、坦荡。老师们纷纷表示，在送教中感受到浓浓的研讨氛围，并结交到一大批愿意为教育事业贡献自己毕生心力的好教师，期待下次我能够带他们继续参与异地教研活动。

学校管理的重点目标之一是激发每个人的最大潜力，作为校长，我愿意运用一切可用的资源，激发师生的最大潜力。

图 4-2 2018 年 10 月，胡展航校长带领骨干教师赴赫章、威宁开展 2018 年第四次联合教研活动

四、坚持多元化人文素养教育，促进师生的个性发展

(一)走进每一个学生的"最近发展区"

"最近发展区"是指儿童独立解决问题的实际发展水平与成人指导下或在有能力的同伴合作中解决问题的潜在发展水平之间的差距。"最近发展区"理论认为，学习与发展是种社会和合作活动。叶澜教授指出，学校不应只关心少数"尖子"学生，为高一级学校培养专门化的人服务，不应仅以培养出获奖学生、考上名牌大学或后来成为著名人物的学生为荣，而应致力于每一个学生的发展，为学生的终身学习和发展奠定基础。学生之间都存在差异，所有人不可能都站在同一起跑线上，不可能用同样的速度，沿着唯一的途径，到达相同的终点。学校的教育教学活动需充分体现学生的综合发展，走进每一个学生的"最近发展区"，让学生获得学习的成就感，充分享受学习的快乐。在具体做法方面，二师附中开展了现代学校制度建设，紧紧围绕"培育现代君子"的办学理念，完善了各种规章制度，开设了"美丽人生"课程，内容涉及人文和科学、传统与现代、历史与未来等方面，有选修类、社团类、专修类、领袖类、实践类、游学类等供学生选择，并在艺术节、体育节、读书节及学科活动、专题活动、附中讲堂等活动中呈现出来，彰显包容的丰富之美，让每一名师生在各类教育教学活动中充分展现自我。除学科课程外，丰富多彩的社团课程大大扩展了师生在校园生活中交往和活动的范围，赢得了学生的广泛喜爱。

图 4-3　二师附中一年一度的校园科技文化艺术节艺术展演

图 4-4　二师附中一年一度的读书节闭幕仪式暨颁奖会

(二)培养每一位教师的教学风格

教师的专业发展是建设优质教师队伍的关键环节，学校对此颇为重视，并指导教师通过教学风格的“三立”和“三读”修炼，形成独特的教学风格，成为学生人生规划的导师。

1. 教学风格的“三立”

“三立”即立德、立行、立言。立德要求教师有思想追求、有责任感和使命感，不照本宣科，不“跪着教书”，不唯上，不随波逐流，不以考试分数论英雄，会教书，更会育人，做一个“实践着的思考者”和“思考着的实践者”。立行强调把思想变成行动，把行动变成成果。要求教师不仅要想做事，而且能做成事，在课堂教学、班级管理、教育科研等领域，拿出有说服力的实践成果和理论成果。立言即做出成绩并告诉大家，要提炼出自己的关键词。希望教师善于运用论文、课题、活动等途径，传播、推广个人形象，优化和拓展生存和发展的社会性空间。

2. 教学风格的“三读”

“三读”即读书、读人、读事。读书是最高级的精神享受，也是最长远的备课。“名师”在于“明”而不在于“名”。真正的优秀教师必须具备精深的专业知识、开阔的人文视野和深厚的教育理论功底。读人要求善于从师、乐于相师，名师也要追名师，要寻找自己的人生导师，不能只是“被学习”。读事鼓励教师从课堂教学和班级管理的困惑中寻找兴奋点，以改进工作为目的，开展“小课题”研究，做真实的研究，做自己的研究，做有感情的研究。教学风格的形成与教师的个人素质、个性特征、个体经历、个人认知密切相关，教师要想形成个人独特的教学风格，必须充分认识和理解教学风格，只要懂得创建教学风格的基本方法，把握教学风格形成的各个阶段与环节，并持之以恒、深入实践、积累经验、不断创新，就一定会形成自己独特的教学风格。

3. 教学风格的类型

教学风格是指教师在长期的教学实践过程中形成的，在一定的教学理念指导下，创造性地运用各种教学方法和技巧，所表现出来的一种个性化的教学风貌和格调。教学风格是教师的“个人标签”或品牌，是教师在教学活动中所表现出来的与众不同的个性及独具一格的特征，是教师本人学识、情感、潜能、心理品质及个性在教学活动中的外在表现，其形态特征主要表现在教学活动中的语言、文字表达、仪态风范、随机应变技巧等方面。它通过教师的教学态度、教学方法、教学语言、个人气质等一系列内在与外在因素表现出来，体现着教师的思想、教学观念，带有强烈的教师个性特征。二师附中的教师经历了教学风格的“三立”和“三读”，逐步形成理智型、情感型、自然型、幽默型和技巧型等教学风格。

(三)让每一位教师成为“导师”

如今，新一轮课程改革迫在眉睫。为了教学教育的良性发展，培养全面发展的“人”已经是全面实施素质教育的核心问题。新课改的实施需要建立相应的教育教学管理制度来满足学生的成长需要，促进学生的全面发展，引导学生逐步学会规划人生，为终身发展奠基。在新课程改革的浪潮下，2012年以来，二师附中以“培育现代君子”的办学理念为根基，以“学为君子，兼善天下”为宗旨，以培养“愿干事、能干事、能干成事”的社会主义优秀公民为目标，全校师生积极投入基于学生能力培养的参与式教学改革实验，改革的重要抓手之一便是率先提出并实施导师制。

导师制是一种对学生进行思想引导、学业辅导、生活指导、心理疏导的学生管理制度，其最大特点是师生关系密切。导师的职责比较宽泛，不仅仅在于学习上的“传、帮、带”，还有思想上的指引、生活细节上的引领等。这种制度是针对传统的班级授课制下班主任制的缺陷和高中生的心理和学习特点提出来的，要求在师生之间建立“导学”关系，针对学生的个性差异，因材施教，全方位指导学生的思想、学习与生活。导师制从制度上规定教师具有育人的责任，在从事教学科研以外，对学生进行思想、学习、心理等方面的教育和指导也要成为教师工作的一部分。二师附中实施的导师制，要求学校全体教师都参与育人，担任导师。学生以小组为单位，每个导师负责一至两个小组，从具体学科的学习、小组合作的方法以及人生规划等方面对小组进行悉心指导。要求全体教师关注学生，对学生的教育要有整体性和一贯性的观念，从入学至毕业的整个教育过程，从学习、生活到德育的各个环节，都不放松对学生的教育和指导，旨在让所有任课教师都参与管理和指导学生，促进师生、师师、生生、家校之间的积极合作，以更好地贯彻全员育人、全过程育人、全方位育人的现代教育理念，使每一个孩子都能健康成长和全面发展。

图 4-5 二师附中实施导师制，班级小组均设固定导师

第二节 与时俱进：现代学校的参与式课堂教学模式

2010 年 8 月，番禺区市桥第二中学更名为广东第二师范学院番禺附属中学，改制成为番禺区教育局与地方政府合作办学、共建共管的公办大学附属中学。“穷则变，变则通，通则久。”面对二师附中当时教学质量整体低下、学生学习方式封闭固化、参与度低的状况，我带领学校班子，与时俱进，决定大胆“试水”，掀起一场课堂教学的革命，以期快速提升教学质量，帮助学生形成自主、合作、探究的学习方式。我们充分运用大学附中的智力支持优势，邀请专家学者为课堂教学改革寻求理论支持和策略论证，反复酝酿，终于形成一套以“小组合作、先学后导”为主要特征的“现代学校的参与式课堂教学模式”实施方案。该方案以积极参与、有效参与为价值追求，以学习目标的有效达成为根本宗旨，以学生为中心，以学案为载体，以核心知识和关键问题为抓手，以强化课前预习为手段，以小组围桌而坐、互助合作为形式，注重学思结合。“现代学校的参与式课堂教学模式”坚持学生立场，把时间还给学生；坚

持问题立场，让问题成为中心；坚持生命立场，教天地人事，育生命自觉。

一、“参与式课堂教学模式”的课堂改革①

课堂改革需要找到推进课改的适当起点，分阶段推进，从教育环境的变革开始，从教师乐意做、能够做的事情开始，通过持续的管理革新给改革以持续、稳定的支持，依靠文化的力量巩固、扩大改革成果。

(一)理论依据

1.《礼记·学记》及孔子的启发式教育教学理论

《礼记·学记》是我国早期教育专论，含有丰富的教育伦理思想。其中“道而弗牵则和，强而弗抑则易，开而弗达则思。和易以思，可谓善喻矣”，就体现出“教师为主导，学生为主体”的教育思想，反对注入式教学，提倡诱导学生自己思考，激发学生的思维动机，让其独立思考，培养学生的自主发展能力。其中蕴含的正是启发式教学原则，对我们今天的课堂教学仍有着深远的意义。启发式教学是与注入式、“满堂灌”相对立的一种教育思想和方法。孔子在《论语·述而》中说：“不愤不启，不悱不发。举一隅不以三隅反，则不复也。”意思是说，当学生经过学习和思考，对某一问题尚未达到想解决又解决不了或是想表达又表达不清楚的时候，教师不要去开导或启发他。在孔子的启发式教学中，学生的“思”与教师的“启”对应，学生的“学”与教师的“发”对应。教师开导、点拨以助学生思，学生思不通时教师及时传授，使学生既能充分自主思考，又可免受百思不得之苦。

2. 建构主义教学理论

建构主义教学理论认为，学习是一个能动、建构的动态过程，是学习者本人在教师和学习同伴的帮助下，在真实的情境里，以协作会话的形式，自觉主动地去建构知识意义的过程，与此同时，学习者的认知结

① 参见胡展航：《参与式教学的实践意蕴》，载《教学与管理(中学版)》，2018(6)。

构也得以重构。认知建构主义的核心原则是：当人们理解特定情境或记忆信息时，观点和概念是随时间的推移逐渐显现的；人们阐释事物、赋予其意义取决于他们已有的知识；认知的和概念的知识，以及推理过程都是在与世界的相互关系中建构的；尽管学生的个人经验和教育背景各不相同，但他们都有能力创造类似的共同知识和推理过程。学生学习的建构过程，实际上就是学生个体自身的不断认识与提升过程，是学生的自主发展需求与结果的再现。在二师附中的参与式课堂教学模式中，学生通过主动参与、自主建构的学习方式，在赋予课堂教学自主建构内涵的同时，也为课堂教学带来了全新的文化价值，即树立以生为本的教学理念。教师是带着学生走向知识，而不是带着知识走向学生，即从“知识嵌入学生”转化为“知识被学生积极内化”。

3. 合作学习理论①

合作学习理论是指学生在小组或团队中为了完成共同任务，有明确的责任分工的互助性学习。它包括五个基本要素：积极的相互支持、配合，尤其是面对面的促进性的互动；积极承担在完成共同任务中个人的责任；期望所有学生能进行有效沟通，建立并维护小组成员之间的相互信任，有效解决组内冲突；对各人完成的任务进行小组加工；对共同活动的成效进行评估，寻求提高其有效性的途径。为了使合作学习产生最理想的效果，在学习过程中应做到人人参与，如鼓励每个学习者积极主动地参与学习；每个人承担个人职责，并定期更换角色；学生面对面坐在一起进行合作，以便开展互动；等等。因此，“参与式”教学以合作学习理论为依托，能够最大限度地使学习者参与到教学中来，注重积极发挥学生的主体作用，通过师生互动、生生互动，使学生得到多方面发展。

① 参见钟有为：《“参与式”教学模式与学生学习方式的转变》，载《合肥师范学院学报》，2010(5)。

(二)“参与式课堂教学模式”的解读①

“参与式课堂教学模式”以“小组合作、先学后导”为基本特征，以积极参与、有效参与为价值追求，以学习目标的有效达成为根本宗旨，以学生为中心，以学案为载体，以核心知识和关键问题为抓手，以强化课前预习为手段，以小组围桌而坐、互助合作为形式，注重学思结合，改变传统的教师灌输、学生接受的学习方式，倡导以学生自主、合作、互助、探究等方式主动建构知识，形成能力。经过五年的实践探索，二师附中的“参与式”课堂教学改革日臻成熟，各学科也积极开展课型和模式建构，形成了颇具特色的教学变式和教学风格。在操作程序上，“参与式”教学分为课前参与、课中参与和课后参与三部分。

1. 课前参与

课前参与即课前预习，要求学生在课前完成“学案”中的预习提纲的过程。学科备课组需要提前准备好“学案”，在“学案”的第一部分将学习目标、预习提纲或预习思考题呈现出来，把学习目标分解为阶梯式的情境化问题和学习任务，让学生初步感知文本、罗列问题，为学生“带着问题走向课堂”做准备。

2. 课中参与

课中参与即课堂教学。“参与式”教学的课堂结构包括以下三个环节。

(1)预习检查，交流展示。教师可对上节课所学的知识进行检测，或对学习小组的课前预习情况进行检查，或者由各小组展示自己课前的预习成果。

(2)释疑解惑，互动生成。围绕学习目标，针对检测展示环节暴露的问题，教师“淡出”，坚持“任务驱动”和“问题导向”，让学习小组充分

① 参见胡展航：《基于学生能力培养的参与式课堂教学模式——广东第二师范学院番禺附属中学课堂教学改革的实践与思考》，广州，新世纪出版社，2017。

互动，开展自主学习、合作学习、探究学习，把未知问题解决。如有解决不了的问题，教师再参与进来，进行启发点拨。这一环节是课堂的主轴，利用自主、合作、探究等方式，使方法的获得、能力的提升、新疑问的产生成为这一环节的主要任务。

(3)达标测评，小结提升。该环节让学生自己评价自己的学习收获，反馈存在的疑惑。形式可以是当堂检测、变式训练，以随时反馈并矫正；也可以是小组总结反思，验证学习目标；还可以是小组之间交互评价等。

3. 课后参与

课后参与是课堂教学的延伸，要求教师根据教学目标，编制好高质量的课后作业题，促进学生知识的巩固和能力的提升。在课堂教学改革的推进实践中，二师附中的参与式教学模式不断完善，逐步形成了“233”课堂教学操作范式。“2”代表参与式教学的两个维度，即教学目标表述清晰、目标达成度高和积极参与、有效参与；第一个“3”代表参与式课堂的三个环节(见上文)；第二个“3”代表参与式教学的三个抓手，即小组建设与管理、导师制度和勤思博学录。

二、课堂改革的参与特征

在“参与式课堂教学模式”的课堂改革中，学生参与的特征主要有两个，即积极参与和有效参与，它们同时也是参与式教学的两个维度。研究表明，教学过程既是认知过程，又是情感过程，二者相伴相随、相辅相成。积极参与是参与式教学的前提，旨在培养学生良好的情感、态度与人际关系智力；而有效参与则是参与式教学的保证，它侧重于知识与技能、过程与方法维度。也就是说，积极参与指向的是情意问题，侧重解决愿不愿学习的问题；而有效参与指向的是认知问题，侧重解决能不能学习、会不会学习的问题。①

① 参见王丽杰、关文信：《新课程理念与小学数学课堂教学实施》，64～66页，北京，首都师范大学出版社，2003。

图 4-6　二师附中学生在课堂上积极参与互动交流

(一)积极参与

1. 积极参与的表现

积极参与教学活动作为学生学习过程中主观能动性的一种表现方式，不仅影响着他们在课堂上的思想和行为表现，还影响着他们的观察力、想象力和创造力的发展。学生参与越多、越积极，其主体地位的感性体验就越强烈，主体意识也会越强，越能促使其向理性理解的方向发展，反过来又进一步提高参与的积极性和自觉性。在参与式课堂中，学生的积极参与具体表现为愿参与、想参与、敢参与，主要表现为情绪饱满、交往互动和参与面广。

2. 如何让学生积极参与

(1)以学生的知识起点为触发点

参与式课堂以学生的知识起点为触发点，为学生的积极参与搭建桥梁，让学生通过这个桥梁自然进入课堂学习并积极参与其中。因此，学校要求备课组认真编写与小组参与式学习相匹配的科学有效的“学案”，突出预习提纲，以问题为中心，围绕核心知识和主干知识，将学习目标任务化、学习任务问题化，为学生的积极参与做好准备，让学生愿意参与。

(2)开展多种形式的交流活动

学生有了参与的兴趣，还必须有参与的机会。教师要善于根据教材内容特点和学生实际创造条件，为学生提供更多的参与机会。在二师附中基于学生能力培养的参与式课堂中，通过开展多种形式的交流活动，让学生在“欣赏”中积极参与。比如在“预习检查，交流展示”环节，教师可对上节课所学的知识进行检测，或对学习小组的课前预习情况进行检查，或由各小组展示自己课前的预习成果。

(3)营造民主和谐课堂氛围

基于学生能力培养的参与式课堂，要求师生转变观念：一方面以学为中心，先学后教；另一方面要求教师要有学生利益至上的思想，允许学生参与，并为学生参与提供机会。同时，通过小组合作的形式，积极开展小组合作学习，为营造互帮互助、团结和谐的学习氛围提供必要的条件，否则，民主、和谐课堂氛围的形成就会成为一句空话。

(4)留给学生充分的参与时间

在课堂中，教师还应该给学生留有充分的思考、讨论、展示时间，这是学生积极参与的重要保障，如果连思考的时间都没有，课堂就是教师的“满堂灌”，久而久之，学生很容易失去参与的积极性。因此，在参与式课堂教学中，教师应少讲、精讲，留给学生足够的时间进行思考、讨论和展示，为学生的积极参与提供重要保障。

(二)有效参与

1. 有效参与的表现

有效参与是指课堂上全体学生积极、主动、愉快地把更多的时间投入学习，使思维达到最大限度的发展，在特定时间内取得最佳学习效果。这需要教师根据中学生有较强的好奇心和参与愿望，不满足于被动安排、灌输，乐于和教师共同参与学习(教学)的特点来组织教学。有效参与即学生能参与、会参与，旨在开发学生智力，培养学生创新能力与实践能力，主要表现为活跃思维、获得学习策略、培养和提升学习能力。

2. 如何让学生有效参与

(1)让学生拥有更多的独立学习时间

独立学习时间就是学生自由支配的学习时间，是学生主体参与的必要条件，也是个性发展的必要条件。在参与式课堂教学中，教师千方百计地让每一个学生有更多的独立学习时间，把自由支配的时间还给学生。二师附中的“233”参与式课堂教学操作范式，就为给予学生足够的自主学习时间提供了保障。

(2)培养学生良好的参与习惯和参与规范

参与式课堂教学通过小组合作的形式，让学生自主制定小组课堂参与规则，让组员自行遵守。同时以小组加减分的形式作为激励，让他们形成参与的习惯，遵守参与的规则，从而做到课堂动静相宜，确保学生在课堂中参与的有效性。

(3)解决实际问题，让学生“活在当下”

参与式课堂的中心任务就是解决实际问题。在问题情境的引导下，学生收集素材、资料，深入思考，提出假设，引发争论，进行批判性思考和实验探究，得出结论，通过应用又产生新的问题，使学生思维不断发展、升华。“解决问题”教学是一种高效和发展性的教学，学生通过亲身探究和实践，“像科学家一样工作”地学习，参与了知识的发生、形成和发展过程，培养了创新精神和创造能力。这是学生有效参与极为重要的保障。

(4)注重学生的个体差异

有效参与必须使每个学生都能够取得进步，要注重培养能力、注重学生的个体差异。基于学生能力培养的参与式课堂就注意到了这一点，如在学案的编写上，学校要求教师能够在学案上体现分层和差异，务必让不同层次的学生都能找到自己能够参与进来的问题，并且在参与中提升自己的能力。

总之，积极参与和有效参与是参与式课堂教学的重要特征和表现，二者缺一不可，共同促进学生的全面发展。

三、课堂改革中的小组合作

(一)小组分组

分组坚持“组内异质，组间同质”策略。所谓“异质”就是把学习水平、学习能力、学习需求等方面不同的学生分在一个合作小组内，而“同质”则是使各小组的整体结构基本平衡。依据“组内异质，组间同质”的策略，使每个小组成为全班的缩影或截面。组内异质为互助合作奠定了基础，而组间同质又为小组间展开公平竞争创造了条件。二师附中为大班教学，大部分班级学生人数为 50 人左右，分组遵循一切从实际出发的原则。小组规模考虑到班级规模和教室空间大小，一般由 4～6 名成员组成学习小组。小组座位的编排既要方便小组讨论学习，又要方便学生看黑板。小组座位编排的方式多样，常见的有方阵型、上字型、倒 T 型等。小组成立之初，各组根据班主任分组的指导理念，开展组名、组牌、组徽、小组口号的设计，制定小组公约等。小组文化建设可以与教室文化建设相融合，班级内可以开辟专门的小组风采栏。

(二)小组公约

制定小组规范，对小组成员形成约束，有利于减少不良行为对小组的影响。小组公约由成员共同讨论决定，其过程越民主，公约的认同度越高，约束力也越强。设立小组合作公约主要遵循以下几个规则。

1. 总则

(1)服从组长的合理安排，维护秩序，维护小组荣誉；

(2)组员之间有互相帮助、互相监督的义务和责任；

(3)自觉承担作为独立学习者的个人角色和作为协作学习者的小组角色功能。

2. 自主学习规则

(1)独立完成自主学习任务，不讨论，不询问，不抄袭他人自主学习成果；

(2)不干扰他人自学，不得做出与自学无关的事情；

(3)自主钻研，完成不了的问题可暂时搁置。

3. 合作学习规则

(1)每位组员都有权利和义务参与小组讨论，发表自己的观点，为小组讨论做贡献；

(2)协助同组成员或其他小组完成学习任务，有需要时能接受帮助；

(3)互相尊重，当有不同的观点时，只发表观点，不针对个人。

4. 探究学习规则

(1)能掌握重点知识内容，对难点问题有独到的见解；

(2)提出有创意的观点或见解，对其他同学解决问题有启发；

(3)学习主动性强，学习能力不断提升。

(三)小组评价

评价方式和评价内容要符合实际，具有较强的操作性，评价结果要让学生接受和理解；要遵循小组规则，落实自主学习、合作学习和探究学习，体现激励功能。小组评价包括过程评价、终结评价、定量评价和定性评价四个方面。

1. 过程评价。过程评价是贯穿于整个学习过程的评价，包括课堂中对学生学习的参与度、有效度进行评定，周期性对成员落实小组规范和完成学习情况进行评定。

2. 终结评价。根据小组成员的学业成绩和学习水平的进步情况对学习小组进行评价，包括对小组的整体评价和对成员的个性评价，可以评出最佳学习小组、进步最快小组和最佳汇报员、最佳联络员等。

3. 定量评价。课堂上小组之间是合作和竞争的关系，根据学生参与学习的积极性和有效度，可以结合学科特点，以适当的形式，通过量化内容对小组(或成员)进行评价，如加分奖励能激发学生的积极性和主动性。

4. 定性评价。小组合作学习使学生能够选择适合自己的学习需求参与课堂活动，在体验中获得发展。而通过对小组及成员的学习水平和效益的评价，有助于增强小组成员的责任感，提升竞争力，激发学生的潜能。

【小故事】

二师附中教改的那些事儿

2012 年 2 月 23 日上午，二师附中行政扩大会议在办公楼二楼会议室召开，会议围绕如何推进以“小组合作，先学后导”为主要特征的参与式课堂教学模式这一主题，反馈了教改以来出现的问题和困惑，并就如何解决这些问题形成了一致意见。各处室就如何履行部门职能、推进课堂教学改革的中心议题进行了工作汇报，高一、高二年级就课堂教学改革启动以来的进展情况以及遇到的困惑进行了陈述。高一年级的部分班级采取了六人小组围桌教学形式，效果良好，学生的参与积极性和参与效度有了大幅提高。高二年级的大部分班级都实行小组围桌教学，每组四至八人不等，学生对这一新型学习形式普遍认同，表现出极大的热情和兴趣，但也有个别班级暂时不能适应围桌教学。高二年级提出了在课堂教学改革中遇到的诸多困惑，如学生不会预习、测验时间受到冲击、因小组围坐导致晚自修期间学生讲话现象以及学业水平测试科目是否推行“小组合作，先学后导”等。

鉴于部分行政混淆了“教改”和“课改”两个概念，我首先进行了澄清，指出“课改”指的是课程改革，指向于课程开发、课程开设和课程管理；而“教改”可以指教育改革，也可以指教学改革。我们学校正在进行的如火如荼的改革指向于课堂教学，探索的是以“小组合作，先学后导”为主要特征的参与式课堂教学模式，简称“教改”，这一点在我们的实施方案中已经有了清晰的表述。在对各处室各年级的汇报反馈中，我首先对高二年级在这次课堂教学改革中的推进力度给予了充分肯定，并一一解答了他们提出的疑问，充分肯定了教师们参与课堂教学改革的积极性，如一些教师主动在备课组、科组开设小组合作，先学后导的研讨课，并邀请行政人员前往听课指导。其次，要求在教学改革中，行政人员、科组长、备课组长要先动起来，做改革的标兵和排头兵。再次，学习小组的建设水平是课堂教学改革成败的关键环节，各年级、班级和备课组要深入思考，创新思维，探索出一套行之有效的小组管理和评价制度，最大限度地调动学生参与学习的积极性。在制度和规范的基础上，逐步培养学生的自主学习能力、互帮互助能力和自我管理能力，营造组内高度凝聚、有效合作、组间良性竞争、共同发展的学习氛围，建设相互尊重、互相监督、相互欣赏的小组文化。在学习小组的建设过程中，德育工作也要配套开展，科任教师要继续加强对小组合作的指导，尤其要强化对小组长的培训。班主任、科任可根据各小组学生的优势学科差异，设立多个小组长，激发小组长的自豪感和荣誉感，充分发挥小组长在小组合作、先学后导中的组织、引领作用。最后，备课组在集体备课中应加强对小组有效评价问题的研究，以最大限度地调动学生参与的积极性为宗旨，进一步思考小组捆绑评价的操作模式。在已有有效经验的基础上，推动以“小组合作，先学后导”为主要形式的参与式课堂教学模式在全校范围内开展。

四、课堂改革中的学案

在如火如荼的课堂教学改革大潮中，仍有部分教师对教学改革的认识不到位，投入程度不够，存在负责的学案编制马虎了事，学生活动的手段和方式不足，设计的问题缺乏启发性和生成性，参与效度低等情况，给改革造成了一定的阻力。对此，我经常参与学校教学工作会议，强调改革的必要性，明确坚持改革的决心。要求各备课组加大力度，认真研究、编写配套学案，在课堂教学中大胆尝试、积极探索，摒弃“新瓶装旧酒”现象，将小组合作的积极性和先学后导的有效性结合起来，在小组合作与先学后导的有机统一中达成教学目标，提升教学质量。要求每位蹲点学科的行政人员详细了解所辖备课组的课堂教学改革落实情况，深入课堂听课调研，指导学案编写，检查课后作业与检测情况，并向校长作专题汇报。

在课堂教学改革中，学案的编写质量至关重要。学案是针对学生学习的，是教师课堂组织的脚本，教师根据学案，就能更有效地进行教学目标、地位、重难点表述，编写主要教学流程，以期实现教学目标：促使学生知识结构的形成；培养学生的基本能力，同时让学生参与评价。在课后参与环节，作业、练习以及测验题的设计要集中促使学生基本能力的形成，反映核心知识和主干知识的掌握程度。改革方案中将“作业研究”单列为第一部分，旨在使学生的作业成为“典型的习题集”，达到有效巩固的目的，帮助学生掌握主干知识，探索作业本、学案和教辅的有机整合渠道。学案研制要遵循科学的原则，并得到切实可行的保障。

(一)学案研制原则

“学案”又称“研学案”，顾名思义，就是指导学生学习的方案，是教师在一定的教育教学思想指导下，对教材、学情深入研究后，精心指导学生自主学习、自主探究和自主创新的材料依据。参与式课堂教学模式把学案定位为在教案基础上针对学生学习而开发的一种学习方案，主要有五大环节：课前预习导学—课堂学习研讨—课内训练巩固—当堂检测评估—课后拓展延伸。学案设计应遵循以下原则：①课时化原则，分课时处理学习内容，以便学生掌握知识点；②参与化原则，通过学案创造人人参与的机会，激励人人参与的热情，让学生在参与中体验学习；③方法化原则，强化学法指导，注意学法指导的基础性和发展性；④问题化原则，将知识点转化为探索性问题，巧妙设计问题，培养学生解决问题的能力和素质；⑤层次化原则，注意将学习内容处理成有序的、阶梯式的、符合学生认知规律的学习方案。学案是学生自主学习的方案，也是教师指导学生学习的方案，一份完整的学案应包括学习目标、重点难点、知识结构、学法指导、学习过程、考题例析、热点聚焦、巩固练习和课堂小结等主要内容。以学生能力培养为价值取向的学案能够将知识问题化，能力过程化，情感、态度价值观的培养潜移化，使每一名学生获得适应个人终身发展和社会发展的、不可或缺的共同素养。

(二)学案研制的保障

1. 备课组的建设

参与式课堂教学尤其注重编写同参与式教学相匹配的学案，要求教师设计的学案可以指导预习并用于课堂教学。学案系统化使其能成为学生一份好的学习资料，它以学生为本，以“学科核心素养”的达成为出发点和落脚点，是学生参加参与式课堂的学习文本，有利于学生学会学习、学会创新、自主发展。好的学案需要集思广益，经教师集体研究、个人备课、再集体研讨制定，因此备课组的建设尤为重要。学校强化对备课组集体备课工作的指导和监管，切实加强备课组活动，要求备课组活动每周至少进行一次，一次不少于两节课的时间；备课组内每位教师每月主备一次，二稿由备课组集体商讨定稿，使该教案成为组内推广的精品教案。备课中还要求注重学生“研学问题”的研究、学法指导的研究和课堂探究性问题的实施方案，备课组活动要针对教学中碰到的问题升级为组内研讨课题进行集体攻关，还要加强学案的讨论，学案有针对性，通过学案控制学生作业数量。除此之外，学校在建立集体备课的常规机制下，定期开展各学科不同层级的研讨课、示范课、观摩课等，不断总结、积累教改经验，探讨真正适合学生的教学模式。

2. 勤思博学录的使用

勤思博学录是学生自主生成“研学问题”、解决学科重难点问题的重要“阵地”。勤思博学录实施的前提是班级进行小组文化建设，每个小组都有一名文化科小组长，由该学科小组长掌管该科的勤思博学录，即班级各小组每个学科均有一本勤思博学录。勤思博学录主要用于记录在先学阶段内小组也无法解决的疑难问题，可成为科任教师备课、授课设计的参考，同时教师在勤思博学录上对学生的疑难问题进行一对一解答，也可满足不同学生的学习需求。

五、课堂改革的实践意义

(一)课堂改革中的关系重塑

1. 师生关系重塑

参与式教学近年来在全国各地得到广泛探索，它以“以学生为中心，以活动为主，共同参与”的理念为指导，强调在教学中体现学生的主体地位。参与式教学的基本理念是“立足学生实际水平，以学生为中心，以活动为主要交流形式”。在参与式课堂教学改革中，重塑的新型师生关系与应试教育中的师生关系相比较，实现了四个转变：一是变“单向型”为“双向型”，即教师要有向学生学习的勇气。教师向学生学习的过程，就是发掘学生优点的过程，是进行师生情感交流的途径。二是变“功利型”为“合作型”，即师生为了共同的目标而共同参与完成教学活动。师生合作能给予学生自我完善的动力，促使学生实现自我塑造，逐步形成各种社会交往中应有的品质。三是变“离间型”为“和谐型”，和谐的师生关系就是要求师生之间形成和谐的互动，即师生共同参与教育。因为只有当教育的教学指向与学生的学习动机趋于一致时，教育效果才能最经济、快捷。四是变“主从型”为“平等型”，在教师教学与学生学习过程中，学生是主体，教师是主导。为了能够顺利完成教学任务，师生之间就一定要进行平等交流。

2. 生生关系重塑

参与式课堂改革中，作为独立个体的学生开始转变与同学间由于竞争关系而采取敌对、互不沟通、单打独斗的学习策略，生生关系得以重塑。课堂改革中，新型的生生关系是互律、互助、共进、交流、合作、和谐的关系。学生作为独立的个体，他们在学习中也需要交流体会，知识只有自己去消化，才能真正成为自己的。参与式教学指根据学生的实际需要和愿望，重视学生主体性的发挥，诚心诚意地把学生当主人，使他们切实感受到成为主人的乐趣和与老师、同学共同探求知识的幸福，这既是全体师生共同建立的民主、和谐、热烈的教学氛围，又是让不同层次的学生都拥有参与和发展机会的一种有效的学习方式。它作为一种合作式或协作式的教学法，是对以往“填鸭式”教学的彻底颠覆，具有里程碑的意义。合作学习把生生互动提到了前所未有的地位，并将之作为整个教学过程中一种十分重要的互动方式来加以科学利用，把教学建立在更为广阔的交流背景上，对于我们正确地认识教学的本质、减轻师生的负担、增进教学效果都具有重要的指导意义。

(二)课堂改革中观念和方式的转变

二师附中实施的参与式课堂教学改革，改变了传统的以教师为中心的教学模式，结合学生的实际情况综合运用并大胆创新，建构了一种既能发挥教师的主导作用又能充分体现学生认知主体作用的新型教学模式，充分体现了“以生为本”的理念，彰显了对学生的人文关怀，目前已取得一定成效。

1. 教师教育观和学生学习观的转变

教师教育观念是教师教学经验的升华，是教师课堂生活和教学反思的感悟与变化。在学校推行参与式教学改革的过程中，教师教育观念的变化体现在其课程观、教学观和教师观的改变上。首先，参与式教学中教师不仅是课程的传授者，而且成了课程的主动参与者和辅助开发者，教师可以利用学生在参与课前预习或参与课堂的过程中出现的问题形成生成资源，帮助学生解决问题，突破重难点。其次，参与式教学使教师从“传道”“授业”“解惑”走向“教学相长”，改变了过于强调接受学习、机械训练的现象，倡导学生主动参与、乐于探究，培养了学生收集和处理信息的能力。最后，参与式教学更倡导教师从“讲学”到“导学”地位的转变，课堂上教师的“教”真正让位于学生的“学”，体现学生的主体地位。学生是学习活动的直接参与者，过去由于课堂教学模式的束缚，学生的学习相当被动，只重视课堂上知识的获得，忽略了思想道德素质、情感和价值观的培养，通过参与式课堂教学改革，教师提倡自主、探索、合作式的学习方式，激发学生的参与心理，把学习的主动权真正还给学生。学生积极参与，敢于实践，从“被动”学习走向“主动”学习，不仅注重知识的汲取，而且更注重自身能力和素质的发展和提高，如口头表达能力、逻辑思维能力、心理调节能力、实践创新能力等。在此过程中，学生的学习理念也随之发生了根本变化。

2. 教师教学方式和学生学习方式的转变

参与式课堂教学改革的推行，无疑是学校教育思想观念的一次“启蒙”。通过教师教育观念的转变，改变了以往“重教轻学”的局面，教师的教学方式也随之发生了变化，从“授之以鱼”转向“授之以渔”，教师从教学中的主教转向“平等中的首席”，从知识的传授者转向学生发展的促进者。教师更注重为学生发挥潜能、展示才能创造时机和条件，由原来单一的知识传授者、灌输者、拥有者，转向教学活动的组织者、帮助者和合作者。通过积极推行参与式课堂教学改革实验，学生的学习态度变化较大，学习主动性增强，学习方式变得多样化和个性化，综合素质明显提高。学生在获得知识体验的同时，其交流和表达能力、搜集信息和处理信息的能力、质疑和创新能力以及动手实践能力都得到了较大提高。

(三)课堂改革中的去模式化教学模式

针对各种教学模式的利弊分析，学校采取“取其精华，去其糟粕”的态度，构建了比较符合学校实际情况的“233”教学模式。该模式基于学生能力培养，其基点和宗旨是培养学生的合作、沟通、表达、自我教育和质疑等方面的能力。在“233”教学模式探索时期，学校的管理同时进行了全方位的配套改革，包括小组管理、晚自修安排、班级建设等细节。不难看出，“233”教学模式是符合学校实际的、较为合理的、可行性更强的教学模式。任何一种教学模式都有其合理性，也都有其局限性，因而教学模式只有更好、更合适，没有最好。正是由于这一点，对教学模式的研究只有深入，没有停止，我们不仅加强了对各种教学模式互补性和相关性的研究，还在此基础上实现多种模式的优化组合、合理搭配，以期取得最优化的教学效果。

在课堂改革中，各学科以“因科制宜，服务课堂”为原则，遵循“制订方案——实践探索、组织研讨——总结提升——补充完善”的程序，以课例研究为载体，积极探索和建构基于学科的分课型课堂教学模式，形成学科教学的基本范式。例如，为实现数学教学的有效突破，学校与广东第二师范学院数学系合作，在高一年级的四个实验班开展为期两年的“西蒙数学教学实验”，即采用“西蒙数学认知工作单”作为学生学习的载体，在倡导自主学习、独立思考的同时，渗透合作学习的理念。其他十六个班级的数学课仍统一采用学案教学。教学模式是否有效可行需主要通过评课的方式来检验，在课堂教学改革中，评课的依据主要参考以下维度：学习目标和学习任务是否明确，学习目标是否达成，学生是否实现了积极参与和有效参与。

在推进参与式课堂教学改革的道路上，我们也遇到了各种各样的困难和问题，因此，在课堂改革的关键时期，我会及时召集行政、级长、各科组和备课组进行研讨交流，就教学改革中的问题从学校层面给出指导意见，发给全体老师学习，让老师们以书面的形式上交课堂教学改革若干问题的指导意见的感想，再总结教师们的反馈，进一步明确和调整下一阶段的具体方案。2014 年 2 月 14 日，校长室发出《广东第二师范学院番禺附属中学关于全面深化课堂教学改革若干问题的指导意见》，回顾了两年的改革历程，制订了《广东第二师范学院番禺附属中学课堂教学改革实施方案》，加大宣传、指导力度，增加理论、实践学习的机会，以课为媒，积极开展课堂教学改革实践，以专家引领和专项培训助推课堂教学改革，以专项改革和课题研究深化课堂教学改革。目前已经取得初步成效，教师观念不断更新，学生态度积极，教改成果丰硕，产生了深远的社会影响。在召开全校教师大会时，我都会鼓励全体教师进一步转变观念，坚定不移地深化“基于学生能力培养的参与式教学”实验（“233”模式），增强改革的积极性和主动性，少找借口，多想办法，坚守理念，坚定信念，永不动摇，永不放弃。

图 4-7　胡展航校长陪同教育部基础教育司马嘉宾副司长进入课堂听课

【小故事】

最爱听课的校长

我是一名数学老师，但我也经常出现在其他学科的课堂上，那就是听课。我一直认为听课是校长工作的重要组成部分，只要在学校，我不在处理校长公务，即在课堂听课。学校老师们常说，有时上课的过程中才发现原来胡校长坐在教室里。听完课后，老师们最想听听我这个数学老师怎样评价非数学课。

化学科宋老师是番禺区名教师，在我听完她的课后，她很主动地来听我的评课意见。我评价她的课堂教学目标清晰，学生参与程度高，注重学生反馈，教师驾驭课堂活动的能力强，总结用PPT的形式呈现核心内容，学生的课堂练习及时，可以巩固所学内容，希望课后的作业要跟踪、检查，尤其是书写规范及学习严谨态度的形成。随后，我与宋老师一同听了化学备课组另一位老师的课，发现各位老师对于学案的使用方法和内容很不一样，我和两位老师及备课组长详谈了他们的集体备课情况，老师们普遍反映，准备“一备”的老师做了很多工作，会提交详细的学案和教学设计，但通常在主备人发言之后，老师们较少当场提出自己的见解，大家都认为主备人已付出很多劳动，不好意思再提出什么意见。

这种情况也发生在其他备课组，如此看来，规范集体备课势在必行。我立即和教导处陈主任讲了对学案的看法和使用意见，如在怎样的基础上做学案、如何提升信息化程度、如何实现资源共享等，希望通过集体备课的工作，研究课堂内容，彰显集体智慧。学校的集体备课已初见成效，开学初各年级把集体备课体现在课表中，做到定时间、定地点、定要求、定内容。集体备课力求扎实、有效、常态化，要求在集体备课研讨内容时主备人注重学习目标、学习方法、关键问题、核心考点、典型例题、课堂课后训练、知识归纳、考试反馈等，备课组其他老师提出自己的见解，不讲套话，不带情绪，不伤和气。老师们反映集体备课往往只是口头上说，实际则不利于研讨的开展，学校总务处便为所有科组室装配好计算机和投影仪，提倡使用课件展示、研讨、磨课。现在集体备课已成为常态，我也常被各学科组邀请参加集体备课。

在听某一学科的课时，我发现一位老师使用学案，另一老师没有使用学案，而是使用参考资料，后了解全级都印了学案，显然，这存在浪费现象。我马上组织教导处到现场办公，发现老师们在编写学案时遵循了学校“一课一案”的要求，每一节课都编写了学案，但是由于有些内容来源于所订阅的参考资料，有些老师更愿选择使用书本。实事求是，从实际出发，我们不能“教条主义”。学案的重要性不可忽视，原则上无学案不允许上课，但如何编写符合我校学生实际的学案则需要斟酌。教导处立即组织各学科科组长商定学案编写原则，如学案可形式多样、可根据本学科特点按“章”“节”“讲”或者“知识模块”等编写学案，不一定每课一案，可灵活处理，以方便教学；备课组内不达成共识不印学案，制作的学案必须全年级使用，以免造成资源浪费；学案着重体现的内容，与学科征订资料有机结合，尽可能使用学案，不允许不加增删地完全照搬现成资料等。

最期待我的听课评价的应该是英语老师了，他们认为通常数学老师是听不懂英语课的，所以在听完课后整个备课组对我的评课非常关注。我在电话里和备课组长吴老师进行了对霍老师的评课：课堂气氛很活跃，学生能主动回答问题，课堂容量大，学生的语言表达能力较强，需要注意的是课堂上回答问题的学生都是主动站起来回答的，说明学生爱上英语课，但老师应该关注每一个层次的学生，适度检查学生的学习效果。例如，老师布置了一个5分钟的学习活动，但当老师看到有学生举手时马上让学生回答，其他学生就可能失去了思考的机会，建议精心设计限时活动的教学环节，考虑到内容的难度和分层。当我评价到“这堂英语课从语言输入到语言输出，课堂环节很流畅，课堂生成好”时，我听到电话的那一头有人在说“哇，这么专业呀”，随之一阵笑声，原来整个备课组都在听我评课。进入老师的课堂听课，听课后与老师们推心置腹地交流教学心得，已成为我工作中必不可少的部分。就这样，我也迅速地熟悉了老师们的教学特点和番中的课堂生态，为助力老师们形成独特的教学风格和打造高效的番中课堂掌握了第一手资料。同时，我也被老师们戏评为“最爱听课的校长”！

图 4-8　2018 年 11 月，胡展航校长在番禺区深化“研学后教”课堂教学现场会暨广东番禺中学对外教学开放日活动现场听课

教育情怀篇

“点”与“线”

引　言

点与线是艺术家们创造优秀作品的重要表现元素。点集合成线，而线又是由一个个点相连而成的，这种点与线的组合变换，往往会创设一种巧夺天工、震撼人心的美。而数学中的点与线或许更易让人理解，它们是理性而直观的，交融成庞大的几何学基础。在几十年的教育教学生涯中，我的办学理念的形成、教育理论的探索以及所经历的人生轨迹也如同由点到线的过程，点即一个个思维的火花和深深的足迹，线则是思想的体系和办学经验的总结与辐射。

在潮阳一中，我传承“气吞重洋千百国，愿作世界第一流”的潮阳精神，高举“高质量、有特色、高品位”的办学旗帜，初步探索依法治校、民主管理的办学路径，瞄准课堂教学改革，以最广阔的视野、最有效的手段整合学校与高校的资源，努力营造宽松、和谐、温馨、平等、向上的氛围，使学校形成了以“人文关怀”为核心的办学特色，跻身于国家级示范性普通高中行列。

在担任广东第二师范学院附属学校总校长时，面对地跨珠三角、粤东，覆盖小学、初中、九年一贯制、高中不同学段的学校群，我坚持以广东二师附中为主要阵地，以“引领学校成长”为根，以“探索现代学校制度建设”为脉，以“实现学校内涵发展”为魂，构建了一个理论与实践并重、能力与创新共存的学习型、研究型、共享型的学校共同体，产生了规模效应和辐射作用。

在广东番禺中学，面对一系列棘手的学校发展问题，我从学校制度的大胆创新和教师凝聚力的激发与核变着手，很快打开了局面，推动学校驶入高速前进的快车道。

每个点的扎实拿捏，每条线的优美演绎，都离不开与我一起奋力拼搏、战斗不息的团队，他们的自信、勇气和热忱，也常常鼓舞着我。正如康德所说，有两种东西，令人赞叹和敬畏：一是我们头顶浩瀚灿烂的星空，二就是我们内心崇高的道德准则。“美好的修养和品德缔造了他在教育行业中的口碑，缜密的思考和顽强的执行成就了他办学成绩的卓越，我们期待教育发展中有更多像胡校长这样的教育思考者和行动者!”番禺区教育局冯润胜局长如是说。

第五章　经历故事
——“行是知之始，知是行之成”

“行是知之始，知是行之成。”从 27 岁担任校长以来，我始终坚持知行合一。实践是认知的开始，而认知又是实践的升华，因此，理论不能脱离实践。我是这样要求自己的，也是这样付诸行动的。

作为校长，应该有深深的教育情结。几十年来，我一直紧跟教育改革步伐，深耕中小学基础教育研究和实践，“博学而不穷，笃行而不倦”。一方面，我不断学习和吸收与教育相关的理论、原理、政策等，并在实践中及时修正，积累符合学校发展实际的经验；另一方面，我坚持用理论指导实践，把学习得来的相关理论、原理，用于指导实际工作，用于解决实践中遇到的问题。几十年来，我践行“办好每一所学校，教好每一个学生”的理念，走过初中、完全中学、高中、教育集团，工作过的每一所学校都完成蜕变，实现华丽的转身。未来，我仍将继续服务基础教育，砥砺前行，初心不改。

第一节　潮音化人：潮阳一中的“缱绻心曲”

1994 年 8 月，我从汕头市潮阳第一中学的一个数学教师、学生会指导老师，直接被调到文光华侨初级中学担任副校长，两年后担任校长。1998 年 8 月，我调任另一所中学——潮阳棉城中学当校长。2001

年 8 月，我又重新回到潮阳第一中学当校长。有人说，我是坐直升机的，事实上，我的每一个脚步，都迈得胆战心惊！

古希腊哲学家赫拉克利特曾说，“人不能两次踏入同一条河流”，其中富含的哲理在时刻提醒着我：在社会迅猛发展的时代，要促进学校管理水平的提升与学校长远的发展，既不能照搬照抄，也不能靠“一招鲜”，而必须立足于现实。从潮阳一中、侨中到棉中再回到潮阳一中，每一所学校实际情况都不一样，必须在实践中因地制宜、因时制宜，制定相关管理制度，实施行之有效的方法。

一、以人为本，追求卓越——学校发展梦想

2001 年 7 月，学生顶着炎热的天气在高考，时任潮阳市副市长的郭为民来棉中巡考。巡考结束后，郭副市长搬了张凳子在教学楼走廊坐下，并叫我跟他一起并排坐。看到学校高考组织工作井然有序，我心里有几分说不出的轻松快乐，想着郭副市长是不是要表扬我几句。然而郭副市长的一句话把我的愉悦心情一扫而光。他说：“你敢不敢到潮阳一中当校长?”我 1992 年至 1994 年曾在潮阳一中工作过，知道那是一所有一百多年历史的粤东名校，有它固有的底蕴，也有它固化的一面。说实在的，一个 30 多岁的人去这个地方当校长，确实年轻了些。这几年因为各种原因，潮阳一中也一直在走下坡路，招生不足，高考成绩下滑严重。我明白郭副市长的话里有试探，也有期望。但当时，我到棉中的时间不长，心里酝酿着对棉中的许多规划还未实施，怀揣着对棉中的许多抱负还未施展。于是，我没有答应。可是，郭副市长心里依然认定了我是潮阳一中校长的最佳人选，没过多久，一纸调令，8 月我便到潮阳一中上任了。

经过几年校长工作的磨炼，我对如何当好一名中学校长有了一定的想法，这是一个让我实践梦想的平台。陶行知先生说，“校长是一个学校的灵魂，要想评价一个学校，先要评价它的校长”。校长是教师的领跑者，是学校的旗帜。一直以来，我对理想的学校的理解是：学校应成为学生享受成功喜悦的精神乐园，成为教师实现专业成长的理想平台，

成为学校形成核心优势的助推器，成为师生和学校共同发展的复合空间。

“潮海当前，向学方殷，气吞重洋千百国；阳春已届，乘时培育，愿作世界第一流。”1915 年，校长萧凤翥为汕头市潮阳第一中学前身东山中学的开办撰写了这副对联，其办学雄心气冲霄汉，成为潮阳一中近两百年来办学理念和实践的鲜明写照。在潮阳一中，我从一中的历史、现实出发，提出了“以人为本，追求卓越”的办学理念。

图 5-1　胡展航校长在潮阳一中建校 190 周年庆典上致辞

(一)办学理念的形成

汕头市潮阳第一中学前身为 1819 年创办的东山书院，创校至今，历尽沧桑，几经迁徙，几易校名，该校是潮汕地区历史最悠久的名校之一。校内人文资源丰富，文物古迹如望仙桥、剑碑亭、文马碣、三圣泉等分布各处，唐代韩愈、南宋文天祥等人曾在这片土地上留下足迹，文化底蕴厚重。晚清时丘逢甲等著名人物担任山长，他们注重时代之需要，全面引进西学，主张“德”“智”“体”三育并举之学风，潮阳新学由此揭开序幕。1915 年，东山书院改为东山中学，潮阳教育大家萧凤翥出任首任校长，其治学于严谨中富含变革创新的科学精神。1919 年，东山中学两任校长姚华萼、肖学梅在北大求学期间积极参加了五四爱国运动。1925年，广东区委派文农到潮阳组建中共潮阳组织，以东山中学为核心，成立中共潮阳县支部，潮阳人民从此也有了中共地方组织的领导。中华人民共和国成立之后，一批教学经验丰富的教师云集一中，一时可谓智星汇聚，群贤毕集。全校上下，勠力同心，从严治校，依法执教，学生勤奋学习，教师求真务实，开潮阳学风教风之新，在近二百年办学历程中逐步形成“求实·创新·科学·人文”的办学理念，成绩卓著，为国家和民族培养了大批人才。如今，潮阳一中已跻身广东省国家级示范性高中的行列，力求实现学校的跨越式发展。

(二)办学理念的解读①

1. 求实。全校上下求真务实，不断追求卓越。学校管理强调岗位实绩，规章制度建设强调内容实在，符合学校实际，增加管理的操作性和实效性。教师的教育教学及其改革，重视研究实际、重视实践探索，在实践中不断丰富和发展自己的理论，不唯书，不唯上，只唯实，帮助学生获得真才实学。作为学生则须以务实的学习态度，努力学习技能知识，做到知难而上，好学不倦，学以致用，不断提高自己的综合素质。师生在学校“求实”理念的影响下，力求真知，脚踏实地，不图虚名。

2. 创新。全校师生是推进学校发展的主体和动力，要全心全意依靠全体师生，发挥全体师生的主动性、积极性和创造性，坚持教育创新，提高创新意识，培养创新人才，高水平、高质量整体推进素质教育。

3. 科学。坚持对科学素养的追求，坚持科学的发展观、育人观、人才观、价值观，注重整体办学的科学性。

4. 人文。以“人文关怀”为核心，坚持人本管理思路，立足学生的全面发展和终身发展，重视具有时代特征、人文精神的培养和熏陶，构建以人文关怀为核心的情感型教育模式，培养学生的自由人格、批判意

① 参见潮阳一中申报广东省国家级示范性普通高中终期整改报告，2006。

识和社会责任感，注重师生既有个性又整体和谐的发展。

(三)办学理念的实践

1. 苦心经营人文特色，立体定格品牌形象

学校在发展中始终树立人文意识。首先，在学校现有优美环境的基础上，通过修复校园内文化古迹，大力发掘学校近二百年办学历史中积淀的文化底蕴，营造高品位的校园文化。其次，充分利用东山青年文学社、同在一中基金会、学校合唱团、英语俱乐部等社团组织以及学校工会主持下的各文体协会，大力加强校园文化建设，丰富校园文化生活，不断陶冶学生的心灵，丰富教师的情怀。最后，学校关注构建以教师为本的制度文化，完善教师的激励机制，努力为每一位教师专业成长创造机会、搭建舞台，激发他们的潜在能力，提升教师的核心能力。

2. 精心设计教学管理，全面提升教育品位

教学工作是学校各项工作中的重要环节，教学质量是学校的生命。基于实际，学校首先全局实施层级教学管理体制，通过压实管理责任，实现教学管理科学化、制度化、一体化，为提升教学质量提供制度保障。其次采取“常规教学步步落实”，规范教学管理环节，优化教学实施过程，为提升教学质量理顺工作流程。最后认真践行课改精神，坚持选课制和学分制相结合，同时注重氛围建设，强化教育科研为教学质量提升服务的意识，为提升教学质量探索新路子。

3. 举办系列开放活动，充分展示学校风采

潮阳一中在原有面向全市、全区的教育教学开放活动的基础上，进一步探索举办跨地区的教育教学系列开放活动，展示学校的教改成果与经验，展示学校的管理模式与成效，展示学校改革创新理念，促进共同发展。例如，2002 年 9 月成功举办了研究性学习成果展示会，2003 年举办了信息技术与学科教学整合研究与实践成果展示会，2004 年举办了以“人文关怀”为主题的开放活动，2005 年面向全市举办新课标下学校教学的实践与探索开放活动，2006 年举办了以“个性化教育模式的实

践与探索"为主题的开放活动，这些成功的开放活动为其他兄弟学校所称许和借鉴。在此过程中，学校编著出版了《新课程标准下的普通高中学校管理》一书。至2005年，学校在新课程改革实践的基础上逐步形成了有学校特色的师生发展性评价体系。

4. 探索教师发展新路，努力建设师资队伍

(1)校本研修活动是教师专业化成长的主要形式。因此，学校构建了"自我研修—同伴互评—名师示范—专家引路"的校本研修路径，建立了以新课程改革问题为导向、以基于教育教学实际问题的课题研究为驱动的校本研究制度，同时制订相关奖励方案，定期汇编潮阳一中教育教学优秀论文选集，并进行相关成果的展示。

(2)青年英才工程是教师专业化成长的重要举措。学校十分重视青年教师的专业发展，实行青年教师三级目标管理，即三年亮出成绩，六年成为业务骨干，十年成为教育(教学)名师。还通过举办新教师说课比赛、青年教师教学基本功比赛、优质课比赛等活动，来提升青年教师业务技能和基本素质。另外，学校在优秀青年教师的评比上进一步推进了教育名师工程建设，大大提高了教师争先创优的积极性，形成了良好的竞争机制，有力地促进了教师队伍的优化。

5. 全心创设教学条件，促进学校持续发展

潮阳一中为全面实现办学效益，提高教学质量，力求高品位教育格调的形成，在教育教学保障上突出学校的办学理念，为学校教育和教学实践提供了可靠的体制保障。(1)完善硬件设施，提供现代化教学环境，基本实现办学条件的现代化；(2)加大投资美化学校环境，创设和谐家园，使校园的人文气息更加浓郁，校园的文化品位进一步提升；(3)创新后勤保障，引进物业管理，实行后勤管理社会化，采用先进的管理手段，最大限度降低成本，进一步提高管理和服务的质量。

(四)学校跨越式发展

潮阳一中于1994年通过省一级学校等级评估，1998年通过省第一

轮复评，2001年通过省第二轮复评，2001年被授予“广东省绿色学校”称号，2007年被授予“广东省文明单位”称号。学校也多次受到各级表彰，2001年、2002年和2004年中共潮阳区委分别授予学校党支部“先进基层党组织”“模范基层党组织”“组织建设示范单位”荣誉称号；2001至2002年度汕头市委市政府授予学校“文明单位”称号；2001年、2002年和2004年潮阳区委区政府分别授予学校“师德建设先进单位”、“艰苦奋斗，敬业勤教”先进单位、“办学示范单位”等称号；2004年，学校被省教育厅确定为“现代教育技术实验学校”，被汕头市教育局授予“贯彻《学校体育工作条例》优秀学校”称号；2005年1月，学校在“中华杯”第七届全国新概念作文大赛活动中荣获组织推荐奖；2003年和2005年两次被教育部课程教材研究所评为全国教育科学“十五”规划国家重点课题“高中数学课程教材与信息技术整合研究”优秀实验学校。2007年10月，学校通过广东省国家级示范性普通高中验收确认，成为广东省第一批被确认为国家级示范性普通高中的学校。2008年学校通过省教学水平评估，获得优秀等级。

在近二百年来的教育教学实践中，通过一代代一中人的执着和不懈努力，潮阳一中在发展中弘扬、在弘扬中继承，继承与弘扬与时俱进，不断提升与发展。

二、鼓动激情，唤起责任——教师队伍建设

作为校长，首先要面对的就是教师群体。潮阳一中的教师群体有其特殊性，长期的潮阳老大地位使得老师们的优越感很强，但长期的教书工作又容易让人疲倦，如果个人的一些愿望得不到满足，就又会产生牢骚抵触心理。如何推动潮阳一中的教师队伍建设，是我首先要面对的问题。在这个问题上，我觉得首先要把行政干部队伍建设搞好，只有把他们领头羊的作用发挥好，才能把整个教职工队伍带好。在取得各级党政支持的前提下，2002年暑假，我在学校展开行政中层干部竞争上岗工作，一批优秀的有志向从事行政工作的教师通过竞聘走上中层岗位，由教师自己投票选出来的中层干部，在工作中的阻力也降到了最低点，而

不愿去参加竞聘的老师也就不再有其他怨言和牢骚了。当然，全校有两百多名教职工，而中层岗位才十多个，如何让大家安心做好事情，并能在岗位上得到应有的尊重和成长，也是校长们绕不开的问题。

(一)化解难题，解决后顾之忧

百年树人，教育为本，而教育之本在教师。在粤东地区，教师的专心程度从某种意义上讲是后花园的问题。因为经济发展比较落后，财政的工资满足教师基本生活没问题，但要让教师有尊严地工作，必须让教师有尊严地生活。作为校长，要真正关心教师，首先就要对教师基本的生活状况有了解、有想法，这样才能真正关心到点子上。

我们都读过这样一则寓言：北风和太阳比威力，看谁能把行人身上的大衣脱掉。北风凛冽，结果行人因寒冷刺骨把大衣裹得紧紧的；太阳则洒下温暖的光芒，顿时风和日丽，行人因为觉得春意上身，始而解开纽扣，继而脱掉大衣，太阳获得了胜利。这个故事的寓意同样适用于教师的管理，它带给我们的启示是：教师管理是人的管理，更是情感的管理，尊重教师是情感管理的基础。如果能多点人文关怀，使教师真正感觉到学校这一大家庭的温暖，就可以让他们卸下心里的包袱，更好地增强他们的归属感，激发他们工作的积极性。因此，当校长，要努力做好以下几个方面的工作：具有“家长”的魅力，要为学校这个“大家庭”中的每一位教师着想，要主动营造温馨、舒适的工作环境，要关心他们的身心健康，为他们的生活提供必要的帮助；常持“学生”的姿态，多向老师、家长甚至是学生学习，总结他们好的经验和做法，集大家的智慧，凝聚各方的力量；扮演“朋友”的角色，多贴近老师，多深入学生和家长，倾听他们的心声，了解他们的内心想法，及时排解他们的不良情绪，在他们取得成功时给予鼓励。

我曾在一中工作，明白一批老教师由于历史的原因家庭生活是比较艰苦的，但仍然坚持在教学第一线，坚持点燃自己，照亮别人，这批老教师是可亲可敬的。但是如果没有人发现和肯定，他们不时会有怨怼情绪也是正常的，是可以理解的。针对这一点，我尽自己的绵薄之力，帮助老师们解决一些家庭中的实际困难。比如，姚友宣老师是一名老教师，为了学生，为了学校，他一生勤勤恳恳、尽职尽责，因而忽略了对孩子的教育和陪伴，导致孩子的就业成了他家庭中的大问题。在了解到姚老师家庭的实际情况之后，我便将此事记在心上。一次偶然的机会，我得知一位朋友的企业正需要招聘职员，工作内容与姚老师孩子所学专业比较吻合。于是，我向友人推荐了姚老师的孩子，友人通过面试、试用期考察等，对其表现非常满意，最后正式邀请姚老师的孩子加入他的团队。相信这对姚老师而言，很大程度上解决了后顾之忧，他也可以更专心地投入学校的教育教学工作中。

(二)学会赏识，提升自信超越

马斯洛认为，人人都希望自己有稳定的社会地位，希望个人的能力和成就得到社会的承认。他还认为，尊重的需要得到满足，能使人对自己充满信心，对社会满腔热情，体验到自己活着的用处和价值。在学校管理中，对教师充满人文关怀的赏识，让教师在工作过程中有高自尊，既是学校人本管理的重要体现，也是学校健康舆论氛围形成的需要。作为一校之长，要设法通过创设各种有效的平台让教师展示自己的才华，要能看到教师付出的艰辛劳动的价值，要善于发现教师在完成工作过程中好的做法和成效，及时给予肯定和鼓励，提升教师的自尊感和自信心，使他们能更好地聚焦于学校统一的发展目标。在这一过程中，校长不仅要关注优秀教师，对于他们取得的成绩及时给予鼓励和肯定，激发他们的工作热情，而且要关注那些默默无闻、自我感觉卑微的老师，让他们有被关注的满足感，增强他们努力工作的动力；更要学会赏识那些“爱发牢骚者”，爱发牢骚意味着他们有思考，能看到问题所在，他们的牢骚在一定程度上可能反映了学校管理存在的一些不足或问题。

在潮阳一中工作期间，我经常在学生会议上表扬老师们的辛勤劳动，对老师们自己都没意识到的优点进行大力表扬，这一做法极大地提升了教师工作的热情和积极性。同时，我深入研究教师情绪化问题的成因并探究管控对策，从学校层面实施人文关怀，有效干预教师情绪管理，构建文化体制框架，开辟人文关怀渠道。我通过开辟教工活动室、创建教师沙龙、建立网络论坛等方式为教师开辟释放压力的场所和途径，同时请来心理健康专家开展心理疏导，指导教师直面情绪弱点，进行自我心理调适方法的学习，提升情绪管控能力。此外，还在教师专业发展方面构建发展式评价体系，帮助教师提升职业素养，坚守职业信念，练就强大内心。在学校氛围方面，充分发挥工会作用，开展“感恩教师”“我最喜欢的教师”“十大感动校园教师”“分享教育中的感动”等系列主题活动，营造和谐温馨的校园文化，促进健康舆论氛围的形成。

赏识教师，除了尊重，还需要信任。在潮阳一中，我们建立了备课组长三年备课负责制：教研组长对整个教研组成长负责，教研组长对全校学科教学负责，备课组长对高考备考负责，备课组长、教研组长各有分工，各负其责。如此一来，老师们感受到校长的充分信任，他们的主动性、创造性和积极性得到了极大激发。备课负责制实施效果很好，从校长层面而言，管理也轻松了很多。在举办一些活动时，学校让项目主管或主抓的老师发挥主观能动性，充分放手让他们去操办，相信他们能把事情办好。事实证明，学校在管理过程中多为教师创造一个宽松和谐、民主融洽的空间，对于每一位教职员工多一些尊重、少一些挑剔，多一些信任、少一些猜疑，长久以往，他们一定会还你一个惊喜。教师的怨言少了，阳光的笑容自然就多了，不良情绪得到了排解，他们也就不会向周围的师生传递负能量，幸福的校园氛围也就得以形成。

(三)创设条件，促进专业发展

要保证学校教学质量的全面提高，就必须要给老师压担子，特别是中青年教师，他们也需要通过各种途径提升自己的教育教学水平，通过自身的专业化成长来实现自己的职业价值。因此，我十分重视课堂教学，坚持把课堂教学管理放在各项管理的首位。通过优秀教师的示范课、观摩课以及青年教师的汇报课、评优课等形式，组织学科组老师进行集体评课议课，或者是邀请专家到校进行课堂教学诊断和指导，帮助教师深入认识和理解有效教学，同时组织教师学习基于本校学情的教学策略，针对不同课型尝试不同的教学模式，从而不断提升优化课堂教学、驾驭不同课型的底气和能力。

面对信息技术的不断普及，如何在课堂中推动信息技术的应用，是潮阳一中很多老师面临的新课题。为此，从 2002 年 2 月开始，在计算机学科老师的支持下，学校组织了教师多媒体技术应用、网络技术应用的校内培训，并辅之以等级考核制度。在此基础上，组织课件制作展示，举办学科与信息技术整合实验课、公开课。信息技术的培训，给中青年教师的成长带来了极大的促进作用。2003 年，有一位从外校调进来的老师，通过一个学期的培训，掌握了多媒体课件的制作和使用技术，上课的效率提高了，资料丰富了，他非常愉快地跟原来学校的老师宣传潮阳一中的理念、技术和管理，惹得很多老师想调进一中工作。

教师的成长还需要课题进行推动，除了创造条件让老师们学习进步之外，也要引导老师们从教书匠向教育专家转变。于是，2003 年我带队组团申报了全国教育科学“十五”规划国家重点课题“新基础教育课程教材开发的研究与实验”的子课题“运用信息技术与数学课程整合，培养创新型人才”的研究。这个课题的申报，不仅对课题组成员的成长起带动作用，更重要的是对全校教师的成长途径起示范和带动作用。所以，从这个课题申报研究开始，每年都有一大批课题申报成功，并开展研究。如 2003—2005 年度就有“研究性学习的研究与实践模式”“高中生心理健康状况与人格特征的比较研究”“信息技术在学生质量化评价中的运用研究”“研究性学习中人文价值的开发”“运用信息技术与各学科课程整合，培养创新型人才”“高中教学与信息技术整合研究”六个课题申报成功。同时，还推动了老师们撰写论文的热情和积极性，从 2004 年开始，潮阳一中便可以每年独立出版一辑《一中教研》，到 2010 年我离开潮阳一中时，总共出版了六辑，教师们的论文也不断地在各级各类刊物上发表。

(四)制度规范，推动持续发展

现代学校的建设，关键一点就是要有健全的、与时俱进的制度机制，通过制度的落实，可以减少很多随意性。因此，在坚持每年一次的教代会制度基础上，通过教代会，学校又逐步建立起了"潮阳一中优秀青年教师评比制度""潮阳一中名教师评选制度""潮阳一中教师工作制度""潮阳一中集体备课制度""潮阳一中一帮一制度""潮阳一中听评课制度"等一系列制度。

通过落实每周一次的备课制度，集体备课活动有序地推进，这对于青年教师的帮助是显而易见的，他们得到了快速的成长。这种经常性的教学经验体会交流，能够用团队智慧弥补个体能力和信息量的不足。这一点在那些从外校调进潮阳一中工作的教师身上表现得更为明显。有一位老师，在别的学校是人们认为上不好课的老师，到潮阳一中后从高一一直到高三的教学都能胜任。在他看来，其中很重要的原因是潮阳一中的集体备课制度推动了他的快速成长。在原来的学校，一切都是他自己在黑暗中摸索，不知道自己哪里错了；而在潮阳一中，有一群老师在帮忙听课、评课、指点，还有共享的资料，可以让他充分认识自己的不足并及时调整。2008年，他被学校评为名教师，自信心大大提升。还有一位老师，在原来的学校担任过教研组长，由于工作需要调入潮阳一中，发现潮阳一中的集体备课制度极大地减轻了老师们的工作负担，她说如果能回原来的学校，一定也会这样推行。

制度是老师们集体讨论出来的，校长只是起到推动和引领的作用，老师们对于自己讨论出来的制度总是更乐于去实践。作为校长也有责任创设相对宽松的人文环境，来推动制度的落实。因此，在潮阳一中的十年，我努力推动了教师的成长，促进了学校的可持续发展。

三、助推成熟，成长快乐——学生群体发展

在学校中，教师是核心，学生是主体，是教育的对象，教育的结果最终都是要通过学生的成长来体现的。学生是处于不断成长之中的，学校的教育也必须不断创新。在促进学生发展的问题上，需要做的事情太多了，如加强管理、创设良好的学习氛围、落实课程改革等。在潮阳一中，我们主要从学生个性成长方面着力，从阅读、写作、开展研究性学

习等几个方面重点展开。

(一)引导阅读，奠定生活基础

有人说，一个人的阅读史就是一个人的思想成长史。也有人说，阅读是学生生活的基础。不管怎么说，引导学生阅读也是引导学生成长的基础。在追求升学率的大形势下，高中学生的阅读多局限于与考试有关的内容，而忽略了促进学生人格完善的内容。因此，2001 年到潮阳一中之后，针对一中学生的特点，我觉得有必要从阅读开始对学生进行人格培养。主要做法有：在高一开设阅读课，引导学生从浅阅读到深阅读，掌握阅读技巧，形成阅读习惯；完善图书馆的设施，定期购进新书，特别是学生阅览室，每年都要更新图书；让各科老师为学生定期推荐阅读书目；在班级办起读书角，作为补充阅读。

慢慢地，很多学生从高一只是看好看的小说，到高三时能看比较深层次的书籍：看得懂金庸的武侠小说，也看得懂加西亚·马尔克斯的小说；看得懂曾国藩的《曾文正公家书》，也看得懂许慎的《说文解字》；看得懂斯蒂芬·霍金的《时间简史》，也看得懂尤瓦尔·赫拉利的《人类简史》；看得懂当年明月的《明朝那些事儿》，也看得懂斯塔夫里阿诺斯的《全球通史》。可以说，学生阅读的广泛程度和深刻程度已经不是我可以想象的了。

看到学生的阅读状况，我的心里有说不出的快乐。有一次我参加了一个高三班级的毕业书籍拍卖会，学生班级书架上的书，学生在拍卖会上说的话，让我明白，不知不觉中，学生在一中的阅读成长已相当惊人。

(二)读书写作，助力思想成长

有效的阅读既应是一个阅读素材输入的过程，也应是通过创造性加工后的输出过程。要真正实现思想成长，还需通过写作等形式来完成。因此，在引导学生阅读的同时，学校语文科组的老师还大力推动学生写作。主要做法有：语文周记作业中，要求阅读后写读书笔记；办读书社，定期出版学生的读书心得和读书笔记；办东山青年文学社，出版《东山青年》文学报；举办潮阳一中作文比赛等。这些平台的搭建，既巩固了学生的阅读成果，也很好地发挥了学生的个性才能。很多东山青年文学社的主编在大学毕业后成为所在行业的优秀人才，与其在中学阶段参与办校报得到了很好的锻炼不无关系。

有一个学生，因为父母关系不好，安全感极低，在学校读书期间总是出状况，其实是为了引起老师的关注。后来在老师的引导下，他喜欢上了阅读和写作，我便鼓励他参加东山青年文学社的主编竞选。他被选上了并表现得非常出色。虽然他的高考成绩不是特别理想，但在大学以及工作岗位上表现都非常不错。他经常回学校看望老师，也经常给《东山青年》文学报写稿，鼓励在校读书的师弟师妹们。我觉得这也是学校办学成功的地方。

东山青年文学社和《东山青年》文学报的成功激励了同学们，随着阅读面的扩展，学生也开始在英语阅读方面做更多的尝试。在英语组老师的支持下，学校又组建了一个英语俱乐部，就英语阅读、英语演讲等方面给学生提供一个平台。后来，英语俱乐部也尝试办一份报纸，我都不遗余力地给予支持，并主动为报纸撰写寄语。

（三）开展研究，推动自主学习

依据《全日制普通高级中学课程计划（试验修订稿）》，研究性学习是高中课程改革的重要内容和必修课之一。对于这一门全新的课程，如何把握其精神实质和内涵，如何体现其开放性、探究性、实践性的特点，学校从 2001 年开始就做了多方面有益的探索，提倡灵活的教育教学组织形式，积极构建开放的学习环境，加强对“研究性学习”课题的实施与管理。学校每年组织评选，将优秀案例汇编成《潮阳一中研究性学习优秀案例选集》，作为下一届学生学习的校本教材。在组织研究性学习过程中，教师们不仅感受到学生自主学习能力的提高，也认为这为学生高考成绩的提高提供了很好的机会。因为随着课程改革、考试改革的深入推进，在高考试题中出现对学生分析综合、推理论证能力以及研究方法的考查的题目，如果学生没有认真接触过研究性学习，是很难答好相应题目的。如 2009 年历史高考试题第 26 题就是一道以研究性学习的形式出现的材料分析题。从评卷情况看，该题失分率很高，全省平均分才 4 分多，得分率不到 30%，这说明相当多的学生不熟悉研究性学习的方式方法。

研究性学习作为一门校本必修课程，课程资源十分丰富，学校以潮汕民俗文化、学科拓展探究、感悟生活和心理教育三大领域为主题，开发了一系列的课程资源。

研究性学习的开展，对学生的影响是相当大的。每一个在潮阳一中学习的学生都必须真正参与其中，三年必须完成三个课题的研究性学习，如此一来，到了大学阶段，很多学生对做课题、做研究也就不会再觉得陌生了。同时，因为要指导学生进行研究，也锻炼了一批老师。下面是杨煜坤老师《研究性学习课题“母后？王后？”案例分析》的内容摘要：

要切实实现研究性学习“培养学生具有永不满足、追求卓越的态度，培养学生发现问题、提出问题、从而解决问题的能力”①的教学目标，应该强化指导教师的指导作用，尤其是在选题阶段，适当将研究性学习与具体学科教学相结合。要达到这一目标，要求学校最好能够进行统一部署，对指导教师进行有针对性的培训；同时也要求教师必须不断提高自身专业理论修养，提高教学科研意识。

(四)关心关爱，引导健康成长

没有爱就没有教育。爱是一切教育工作的基础。作为校长，对学生的关爱与普通老师不同，和班主任工作也不同，更多体现在为学生创设良好的成长环境、对学生的积极引导和严格要求上。当然，对不同的学生，关爱的方式应该是不同的，学生处于不同的时期，关爱也应该是不

① 参见吴兴伯：《研究性学习》，沈阳，东北大学出版社，2007。

同的。在学生刚入学时，关爱可能表现在引导学生适应高中生活，适应内宿生生活上；在高考备考紧张时期，关爱表现在为学生提供良好的后勤服务、疏导学生的心理压力上；在学生告别学校走进大学时，关爱表现在“扶上马，送一程”，帮助贫困学生筹措大学学费；在学生碰到情感问题时，关爱表现在为学生排忧解难，答疑解惑等。

2008 年之前，助力学生上大学的风气还没现在这么浓，而当时的大学学费对于一个普通农村家庭而言是一笔大的开支，国家的助学贷款也没全面铺开，申请比较困难。看着很多优秀学生在大学门前踌躇的面容，我非常揪心。2003 年开始，每年高考前夕，我会动员一些事业有成的同学、朋友，资助贫困学生上大学。在我的动员下，有一对一资助贫困学生的，有公司集体名义出资、学校提供资助名单的资助活动等，每年都能通过各种方式资助二三十个学生上大学，解决了他们的燃眉之急。这些学生与资助人之间也建立了一种友好的互动关系，激励着资助人的热情。他们毕业后也用自己的行动回报社会、回报母校。后来，我发现这种行动还带动了社会资助氛围的兴起。

2007 年 6 月 7 日，语文科高考进行中，整个潮阳一中考场秩序井然。我巡视一圈后在主考室刚坐下，准备歇口气，一位工作人员匆匆走进来，说有一位学生过分紧张，情况很不好。我马上到学生所在教室，发现一个女生在座位上抖得厉害，写不了字。我当机立断，让监考员把学生带到主考室，跟她谈话聊天，同时请心理咨询室的老师到场。心理老师到场后对她进行按摩、放松等疏导，学生慢慢放松下来。半个小时之后，学生基本恢复正常，她要求回教室继续考试。第二科开始，这个学生就不再出现这种状况了，最后虽然语文科的成绩不是很理想，但她还是顺利考上本科学校，现在已经在广州工作七年了。提起当时高考的情况，她一直说感谢校长当时的关心关爱，让她能卸下包袱去考试。

2009 年 3 月的一个晚上，我的孩子生病住院。值班负责人打电话给我，说高三一个男生没来参加夜自修，班主任给学生家里打电话，发现该学生也没回家。我打该学生手机，他一直不接。班主任老师非常紧张，因为据了解，该男生最近在感情上受挫——喜欢上班里一位女生，但女生认为高考在即，不想在高考前分心，没答应男生的求爱。老师一直担心男生想不开，会有轻生念头，因为该男生平时表现得很脆弱。听到这个消息，我马上从汕头市区往学校赶，生病的孩子只能留给爱人照顾，孩子哭着叫爸爸，但想想那个男生的父母也面临着孩子的安危问题，我也顾不上了。到了学校，我了解情况后，让班主任老师给男生发信息。同时联系朋友想办法对其进行定位。通过一番努力，最终在汕头海滨路找到了该男生，当时已是凌晨一点多。男生确实一直在海边徘徊，真是千钧一发。后来，在家长、老师的引导下，男生逐渐能正确面对感情，放下包袱全心全意冲刺高考，最后还考出了好成绩。或许这个男生也不知道校长曾为他做了什么，曾经多么担心他。但我一直认为，只要孩子们能健康成长，积极面对困难，我的付出便是值得的。我想这也是我对孩子们爱的一种方式吧——你们健康成长，我便幸福！

四、提升实力，快乐幸福——校长自身建设

教育是造福后代的事业，是“功在当代，利在千秋”的事业，是创造幸福的德政工程。从某种意义上说，把学校办好，是一名校长最崇高、最幸福的工作。因此，作为一名校长，我们要有幸福感、优秀感和价值感，要不断提升自己的管理水平和育人技巧，要不断地开阔自己的教育视野，享受不断进步给自己带来的幸福。

(一)幸福来自不断提升的自己

毛泽东 1939 年在延安的讲话中曾说：“我们队伍里边有一种恐慌，不是经济恐慌，也不是政治恐慌，而是本领恐慌。”[①]他的这番讲话虽然已过去 80 多年，但对于当今的包括校长在内的学校管理者仍然是极大的鞭策。一名优秀的校长应该也是一个身藏锦绣的人，其最大的人格魅力来自对前沿知识如痴如醉的追求和学习。校长要使自己不出现本领恐

① 毛泽东：《在延安在职干部教育动员大会上的讲话》，见《毛泽东文集》，第 2 卷，178 页，北京，人民出版社，1993。

慌，最好的办法就是增强学习的紧迫感，坚持学习，不断学习解决新形势下新问题的方法，从新的角度、利用新的理论看待新的问题，创新进取，求得新的发展。

因此，“不断学习应该成为自己日常生活的一种状态”。我是这样认为的，也是这样做的。在学习中继承历史传统，在学习中不断提升自己的内涵修养，开阔自己的视野，这本身就是一件幸福的事情。因此，在开展学生的阅读活动时，不仅鼓励教师参与到阅读活动中，作为校长的我也始终如一地坚持阅读，坚持与学生、老师一起阅读，一起交流，一起写作。

英国威斯敏斯特教堂旁的一块墓碑上，有一段非常著名的话：“当我年轻的时候，我梦想改变这个世界；当我成熟以后，我发现我不能够改变这个世界，我将目光缩短了些，决定只改变我的国家；当我进入暮年以后，我发现我不能够改变我的国家，我的最后愿望仅仅是改变一下我的家庭，但是，这也不可能。当我现在躺在床上，行将就木时，我突然意识到：如果一开始我仅仅去改变我自己，然后，我可能改变我的家庭；在家人的帮助和鼓励下，我可能为国家做一些事情；然后，谁知道呢？我甚至可能改变这个世界。”①我非常喜欢这段话。它时刻提醒我，作为校长，要有教育的梦想，但不能只是一味空想，更多的是需要脚踏实地。我一直认为自己的能力还有很多欠缺，但我不能放弃自己，不能停止自己前进的脚步。我需要将我的梦想切分为若干个小目标，一个一个去完成、去实现，最终达成终极目标。屈原说“路曼曼其修远兮，吾将上下而求索”，路就在脚下，而我一直在努力。

(二)幸福来自淡泊名利的心态

“十年树木，百年树人”，教育的本质决定了它不是一件急功近利的事情，它需要的是宁静及淡然，是洗尽铅华之后的清醒和理智。在这个浮躁的社会中，要把教育事业做好，校长需要有等待的理性，也要有淡

① 马志国：《完善你的自我》，北京，中国水利水电出版社，2008。

泊名利的心态。也只有宁静致远，才能体会持久的幸福。

2001 年，我担任潮阳一中校长，2006 年，我被任命为潮阳区政协副主席。在潮阳一中的十年校长生涯中，我实施了大刀阔斧的学校改革，尤其在制度建设、学校文化、课程改革、师生评价等方面颇有建树，不断实现突破。潮阳一中逐渐发展为潮阳区举足轻重、汕头市声誉良好、潮汕人民心目中的优质学校。我的履职之路，平坦且顺畅。当时，区委区政府向我伸出了橄榄枝，那就是从教育系统事业单位编制转为公务员编制。在当时的社会，公务员编制就是“铁饭碗”，轻松、安稳、压力小。是要选择安逸地过完余生，还是另辟蹊径，开拓一番新的天地？适逢当时广东第二师范学院遴选附属中学校长，在认真思考之后，我选择了后者，我坚信，只有到学校去施展才能，我的梦想才会实现。为了完成自己对教育梦想的追求，我放弃了政协副主席的职位，告别了生活几十年的故乡，暂别了自己的妻女，踏上了去往广州的列车。一切归零，从头再来，我却甘之如饴。因为我知道，名利在我面前如浮云，而我的教育梦就在前方。

花开花谢，潮起潮落，人生注定要经历很多。26 年的校长生涯中，我走过了棉城中学、潮阳一中、二师附中，来到了广东番禺中学。每到一所学校，我都尽自己最大的努力，让学校、教师、学生绽放光彩，而我只愿意在光环背后悄悄地努力，默默地坚守，静静地期待。每年的评优评先，我主动退出，从不参与。我始终认为，校长只是学校工作的设计者、推动者，学校的成功和学生的成才，于我已是最大的馈赠和回报。学校的评优评先，最应该获得的，是所有跟我一起努力奋战却无怨无悔的全体教职员工。因为，他们才是奏响学校发展乐章的“最美音符”。

有这样一句话：好心态就是一种幸福。作为一名校长，既要有想大问题的宽宏心态，也要有做小事情的不凡气度；既要有乐观进取的阳光心态，也要有承受挫折的坚韧品质；既要有宽容为人的豁达心态，也要有排解压力的自省心境。要学会用幸福阳光来升华学校教育管理，引领推动学校内涵发展。

(三)幸福来自学校学生的发展

通过近十年的努力，潮阳一中成为粤东地区一所更为现代化的学校，获得了可持续的发展动力。每年都有一千多名学生从潮阳一中毕业，升入更高一级的学校进行深造，或者走向社会，成为对社会有用之才。在潮阳一中，逢年过节，已经毕业的学生都会回校探望老师和校长；在全国各地，都有不少一中学子相互支持；各地校友会的发展，对母校的支持、关心和关注，对一中人都是一份割舍不断的爱。我想，作为一名校长，这就是一件幸福至极的事情。

第二节　弦歌绵延：二师附中的“美丽人生”

二师附中前身为番禺区市桥第二中学(简称为“市桥二中”)。番禺区市桥二中创办于1996年，是市桥城区教育指导中心管辖下的一所普通高级中学，2006年被评为广东省一级学校。该校历经初中、职中、完中、独立高中的多次体制变迁，尽管历经数次改革，但学校结构却不尽合理。体制的不完善使得学校内部存在着诸多功能性顽疾，制度上的缺陷直接影响教师群体的教学信心和学生的学习氛围。

从无到有固然十分艰难，但从旧到新，创造一个“新有”的过程难度更大，因此在原有的办学基础上寻找适合学校的现代学校结构的建设道路的确是关山难越。2010年，二师附中更名改制，与广东第二师范学院达成院地合作，并在此基础上充分利用有关合作平台。在我的带领下，现在的二师附中经过体制创新后成功“拔丁抽楔”、实现“华丽转身”。通过快速优质化，二师附中已然从一所典型的城乡接合部薄弱学校蜕变为一所年轻向上、发展态势良好、具有师生凝聚力的示范性高中。近年来，二师附中的流程管理步入正轨，高考成绩节节突破，教育质量的提升有目共睹。二师附中的快速优质化验证了我的办学理念：只有立足于校情，扬长避短，明晰学校的发展方向，才能提升学校的办学品位，而唯有高度重视学校的内涵，才有可能实现学校跨越式发展。

一、系统搭建，描绘未来蓝图和达成创新办学

2010年对于我来说，也是生活和工作的重要转折点——从潮阳一中调入二师附中。这场工作变动对于我而言，并非是一个从汕头到广州的“跳板”，也并非一次普通的工作变迁，我非常清楚这场工作变动对于自己的挑战：已经四十多岁的我是否能快速地适应番禺的人文环境、生活习惯、语言环境？由于当时我的妻子和孩子都在汕头，只身一人前往番禺的我是否能从容地安排自己的生活和工作？但我并没有对自己个人做太多的考量。记得站在二师附中校门口之时，我是兴奋的，我认为这里的环境好极了，非常适合孩子们读书，而且当时的我已经暗下决心，一定要下功夫快速找到适合学校实情的建设之路，让这所学校早日走上正轨。

当时，学校的管理流程还是存在较大问题的：内部管理比较粗放，并没有达到标准化和精细化的要求，因此学校虽有基本的管理制度，但经常由于制度的不尽完善而产生执行疲劳的状况，制度下缺乏可监控性、可操作性和可问责性，这也就意味着学校层级之间的互动效率低，上传下达的作用小。此外，学校存在着教风不正、学风不浓、校风不纯等一系列问题，而这些问题并没有得到彻底解决，从而导致学校的高考成绩不佳、社会声誉不高、教育口碑不佳，而这些连锁反应又会直接影响学校的生源，无法实现良性循环。教师会因“生源差所以成绩差”的想法产生较大的挫败感，并逐渐缺乏教学信心和教学自觉。管理层和教师团队的诸多功能性顽疾无不警示着如果不改革创新，学校将很快面临被边缘化的厄运。

(一)体制创新，搭建社会大教育系统

能否以体制的创新助推学校发展，摘掉“薄弱学校”的帽子，尽早实现快速优质化，拷问着番禺区教育局、广东二师领导班子的心，管理团队为此也进行了大量的思考和讨论。我认为，二师附中面临的最大困境

在于如何改变现状，而学校管理体制的转变以及各级行政人员和专业教师的合作思想转变更是“改变”工作中最困难的一步。

针对学校管理的问题，我曾借用这样一句话鼓励二师附中领导班子的成员们：“志气太大，理想太多，事实迎不上头来，自然是失望烦闷，结果也不是好的，因此改变现状要一步步来；志气太小，因循苟且，麻木消沉，结果就必至于堕落，因此我们要有信心，要规划好未来的蓝图。”我告诉他们，学校教育并非只是教师授课、学生上课那么简单，它是一项专业性极强的工程项目。而要促进这工程项目的顺利执行，需要在学校办学理念的统一指导下，通过制订发展规划、设计发展路径、确定工作流程，才能实现每一个相关环节、每一个涉及部门之间的协调运作，从而实现整体的联动。

2010 年 7 月《国家中长期教育改革和发展规划纲要(2010—2020 年)》颁布，系统提出：适应中国国情和时代要求，建设依法办学、自主管理、民主监督、社会参与的现代学校制度，构建政府、学校、社会之间新型关系。2010 年 8 月，学校正式更名改制，成为番禺区教育局与广东第二师范学院合作办学、共建共管的第一所区属公办大学附属中学。二师附中充分利用“院地合作、共建共管、管办分离”的办学体制，在现代学校制度建设方面先行先试，为高等师范院校与地方政府合作办学提供标本和示范，构建政府、学校、社会之间的伙伴关系，实现政府职能从原来的宏观、中观、微观管理转变为宏观调控。政府、高等院校为二师附中给予助力：番禺区政府掌管“钱袋”，负责学校的硬件建设、教师工资、人事编制等项目；广东第二师范学院掌管“脑袋”，把二师附中纳入学院办学的整体布局，发挥自身的理论、专业和资源优势，为二师附中的内部管理、教育教学改革以及办学水平的提升提供智力支持。双方以签订的《广东第二师范学院、番禺区教育局合作办学框架协议》(以下简称《合作办学框架协议》)为指南，密切合作，各司其职，各负其责，以体制创新之策共促学校实现“改薄”，开启快速、优质发展之路。

按照《合作办学框架协议》，二师附中积极探索、实践理事会领导下的校长负责制。理事会设理事 11 人，校长为当然理事，其余 10 人由广州市番禺区地方政府代表、广东第二师范学院代表及社会知名人士代表共同组成，以厘清学校与办学单位的关系。理事会行使决策权，教代会参与管理和监督。2013 年 1 月，二师附中成立了首届理事会，并通过了《理事会章程》，校长对理事会负责，对学校实行自主管理。

体制创新并非易事，除了实现院地合作办学、成立理事会外，这个大教育系统还需要一个完整的创新蓝图——《学校章程》《学校中长期发展规划》《理事会章程》和《广东第二师范学院、番禺区教育局合作办学框架协议》这四份文件构成了二师附中依法办学、自主管理的基本纲领，成为学校未来发展的四部“基本法”，成为引领二师附中实现可持续发展和内涵发展的行动指南，为体制创新指引方向，保驾护航。学校坚持依法办学，依据学校章程制定、完善学校的管理制度体系，实施学校的具体管理行为。2012 年，学校荣获广州市番禺区“依法治校示范校”称号。

(二)合作转型，缓和行政和教学矛盾

我曾以这样一个比喻来说明学校的领导结构：“一台机器的良好运作需要多个零件的正确组装，如果组装不当，再好的零件也不能发挥自己的价值作用，学校管理亦是如此。学校领导班子的组成绝非个体和个体相加如此简单，一个精干、有效率、专业化强的领导班子不仅仅需要内行的管理人才，还需要能够合作产生新质从而发挥团队职能作用。”

在行政管理工作方面，任职初期，我发现学校行政权力行使总不能落实到位，许多行政工作人员带有“老好人”思想，看到矛盾绕道走、遇到困难“踢皮球”，缺乏原则而忽视问题、不愿得罪人而明哲保身、不会拒绝而圆滑世故，不担当、不作为从而不能将自己职能范围内的工作完成落到实处，甚至是不敢去做自己的工作。例如，在年级考试中部分教师的教学成果不理想，上级工作人员由于害怕得罪教师，不能及时做好沟通和协调工作，不但没能发挥自己的职能作用，还耽误了教师改进专业教学的时机，这间接耽误了学生的课堂学习。

就此问题，我召集相关行政人员召开多次会议，并对他们进行教育和批评，以“为官避事平生耻”告诫大家，我们必须落实自己的本职工作。由此进一步指出，学校权力的运行过程中总是存在着行政权力体系和专业权力体系的矛盾，因为这两个权力体系的工作动力是不一样的，组织目的也是不一样的。因此，学校的行政人员需要从宏观上把握和协调学校的各类事务，更多从维持秩序的角度思考，从而达到学校各类资源的配置最优化；而对于教师来说，他们需要考虑教学任务的完成进度，更多从专业教学的角度思考，从而达到专业教学的最优化。依据自己过往的经验，我告诉二师附中的行政人员们，行政力量要敢于打到问题实处，既不能滥用，也不能不敢用。专业团队和行政团队要能合作起来，缺少哪一方的效用都是万万不可以的，这样学校才能办好，体制创新才有希望!

在教师专业团队建设方面，在评优评先的会议上，我发现存在一些偏私的现象：个别行政干部为了证明自己的管理业绩，极力为自己所负责的年级(或部门)争取更多的名额，忽略了教师的工作能力水平和实际教学成绩；一些年级为了个别教师的晋级需求，不问其平时工作表现，通过提前打招呼给予关照，导致其他的教师(特别是资历较浅的青年教师)常年与优秀无缘；部分科组或是不问教师工作业绩，或是论资排辈，甚至采用轮流坐庄的方式……面对评优评先会议上的偏私现象，我在多个场合指出，评优评先是学校管理中的一项重要工作，是调动教师工作热情和积极性的一个重要手段，它关乎每一位教师的评职称晋级、岗位竞聘以及工资待遇等利益，是教师们关注的焦点问题，我反复强调公正是现代学校制度的首要特性，只有公正的制度，才能自发、自动地促成高效的、有道德的、有未来的好学校。我们应用好评优评先这个激励制度，使它能成为学校师资队伍建设中的重要激励手段。要避免由于处理不当而打击大多数教师的工作热情和积极性，由此导致对学校教育教学工作及教师团队的发展带来不利的影响。

(三)民主觉醒，协调思想和能力一致

在民主精神方面，加强民主建设，健全监督机制，是建设现代学校制度的重要内容，也是贯彻以人为本，建设幸福学校的必然要求。通过民主的途径，让行政管理人员和专业教师团队在制度中能表达自己的诉求、及时解决矛盾，自己的监督权、知情权、参与权、表决权能够得到保障。拙著《现代学校权力运行中的流程管理——广东第二师范学院番禺附属中学若干典型案例详析》中提及一对矛盾，即学校教师民主意识的觉醒与实际参与学校事务管理的能力之间的矛盾。我曾在一个晚上思考许久，感叹教师的独立人格在当今知识经济中的凸显，同时也在思索着如何能提高教师的民主参与能力，让民主精神体现到教师的工作上。

经过二师附中领导层的一番商讨，他们认为在现代学校制度建设的实践中，无论是决策工作还是执行工作，二师附中都必须坚持推行民主监督参与机制，充分发挥校长办公会议、行政扩大会议、教代会及党总支在决策中的民主监督作用，以最大限度地实现决策的科学性、民主性。同时，二师附中还需要注重发挥教代会、家长委员会以及学生会等二级组织在学校管理中的民主与监督功能，体现学校管理的开放性和民主性。在健全学校理事会议事规则、发挥学校理事会决策作用的同时，学校进一步变革学校组织机构，建立完善现代学校主体结构：建立有教师、学生及家长代表参加的校务委员会，逐步完善民主决策程序；树立开放民主、科学高效的管理观，按照“精简、效能、统一”的原则，积极开展中层机构设置与聘任的改革，进一步完善校内机构设置，提高管理效益和服务水平；探索实施岗位问责机制，进一步明确各岗位的职责和工作要求，避免“多头布置”“重复布置”，实现教师工作的“轻负担、高效率”。二师附中坚持校务公开，提升工作的透明度，使工作公开、公平、公正，这充分彰显了“民主、开放、科学、高效”的精神。权力有所制约，一不至于松散，二不至于狂妄。

图 5-2 胡展航校长与二师附中领导班子共同商议学校发展

二、生态和谐，创新德育工作和发展师生和谐

自然界中，无论是哪一个物种，它的生长均需要良好的生态环境。每一个人要获得有机成长和良性发展，也同样需要和谐有序的教育环境的滋润。这里的环境包括社会大环境，也包括学校教育环境。我非常注重学校环境对人的熏陶和渗透，在学校教育生态环境的优化方面也做出了很多的努力和贡献。

教育活动是一个和谐平衡的整体，这一平衡的整体不仅是设施设备、保障机制、参与其中的师生等多个要素的有机统一，也是教学内容、教育活动以及文化氛围之间的协作互动。如何把和谐融洽、协作互动的精神渗透在教育活动过程中的每一个要素和环节之中，是值得我们思考的。自然界需要生态和谐，学校也需要生态和谐，学生有他们需要的空气、阳光、土壤、营养、水分。那么，学生所需要的“空气”“阳光”“土壤”“营养”“水分”又是些什么呢？这是我一直在思考并不断付诸实践的。我推崇现代教育所倡导的“和谐教育”，力求通过顶层设计，从整体上打造有机的“生态性”教育环境，做到环境育人、活动育人、管理育人、服务育人，营造学生成长的最佳生态区，促进学生的健康幸福发展。例如，将德育管理、后勤服务等一系列构成育人环境和教育氛围的要素，通过相关的制度设计，形成统一的教育生态链整体等，使之达到教育生态和谐育人的效果，帮助学生健康成长。

(一)课堂教学改革，促教师专业发展

教育发展，教师先行。教师的专业发展是教师成长的重要部分，它既包括教师自身专业上的成长，也包括促使教师专业上成长所采取的各项措施。它是一个动态、变化的过程，是教师内在专业结构不断更新丰富、不断整合优化的过程；同时也是教师在能受到尊重、能得到支持、阳光积极的氛围中，不断更新观念、不断学习提升的自觉修行的过程。从某种程度上来说，教师发展的专业化程度，决定了学校教育教学质量发展的高度。因此，打造一支专业化的教师队伍，对于学校的发展来说，显得尤为重要。教师的专业发展具有现实意义，除了要提升学校教育质量，也要帮助学生获取他们所需的知识。当今社会，随着信息技术的发展，学生获取知识和资讯的渠道日趋多元化，教师的“传道授业解惑”已不再是学生获取知识和资讯的唯一来源，因此教师应有危机感，应常怀忧患意识，不断加强自己的专业发展，借助人文关怀的优势强化工作的职能效用。

二师附中的课堂教学在改制前存在很大的问题：教师缺乏研究意识，知识点的深度剖析和分解力度不足，学生吸取到的知识很单薄；课堂教学“满堂灌”现象严重，教师往往为了完成教学任务，而忽视师生互动、生生互动；教师包办现象严重，学生的主体价值并没有在课堂上得到体现，课堂气氛沉闷。此外，课堂教学模式陈旧，许多老师因为怕麻烦而少用甚至不用多媒体，只是停留在一支粉笔、一本书、一块黑板的状态，忽视了知识经济和现代信息社会的时代要求，信息化技术辅助课堂教学的能力亟待提高。从对学生问卷调查的情况来看，教师教学在学生、家长中的认同度不高，学生厌学现象较为明显，有超过53％的学生提出希望教师改进课堂教学。而对于教师教学的种种问题，我认为二师附中的教师专业发展还有很大的提升空间，需及时针对教师专业发展做出一系列的培训方案，从根本上解决教师教学的诸多问题。

一方面，为提升教师的课堂教学水平，我带领二师附中领导班子的其他成员积极搭建广东第二师范学院和学校的学术联系，成立了以学院专家教授为主体的课堂教学指导专家团队，各院系基本上都与二师附中各学科挂靠，进行对口指导，为学校的教育实践提供一个反思和重构的学校环境。近年来，二师附中根据教师专业发展的需要，频繁邀请广东第二师范学院以及其他高校、研究机构、重点中学一线名师等专家教授开展专题讲座和专题培训，内容涉及诸多领域，有效提升了教师的教学理论素养、专业知识和专业技能。

另一方面，二师附中积极发挥院校合作优势，紧紧依靠学院培训处和教育系，开展了“班主任成长机制研究”课题研究，设计了德育科研专项培训、行政干部级长专项培训以及科组长、备课组长专项培训活动等。其中，科组长、备课组长专项培训活动由学院培训处中学部设计培训方案，并整合培训资源。培训项目涉及理论研修、同课异构名师大讲堂、课堂实践改进、名校寻访、课题研究和课程开发六个模块。2013年10月该项目正式启动，学校50余位学科组长、备课组长参加了该项培训活动，并取得了良好的学习成果。

教师专业发展对教育事业的重要性毋庸置疑，只有把促进教师专业发展当成办学的重要任务来抓，真正为教师的专业发展提供适宜的支持系统，保持教师队伍稳定可持续发展，才能为学校改制创新的进一步推进奠定基础。在教师大会上我多次强调，每一个人都需要在自己的本职工作上实现自己的价值，甚至是超越现在所实现的价值，而绝不仅仅是认可和适应仅有的、已经实现的个人价值。教师只有充分发挥自己的专业能力，才能实现自己的专业价值。这种成就感是不可替代的。

(二)全员德育，促德育转型

二师附中在改制之前，德育与学生管理工作方面一直是比较薄弱的。由于对新时期学校德育工作的特点和规律认识不到位，研究也不够，再加上德育工作刻板化、德育内容缺乏系统性、德育活动单一，导致改制初期的德育工作效率偏低，陷入以管代导的恶性循环。而低效的德育管理的结果是可想而知的：绝大部分学生处于被动接受状态，部分学生对学校的有关制度产生消极、不认同的情绪甚至是抵触的态度，在课堂上不少学生还存在睡觉、趴在桌上等现象，一些班级纪律松散、学习氛围欠佳。

德育工作的转型是学校改制的重要部分之一，是学校实现“构建现代学校治理体系和实现治理能力现代化”这一目标的要求。在教育转型的背景下，对于学校德育工作而言，面临着更多的新课题和新挑战，也对德育工作者提出了更高、更新的要求。

现在的孩子们是很幸运的，因为他们的生活条件比以前的孩子更好，拥有的自由和发展空间更大，但也正因为如此，现在的孩子们困惑更多、面临的陷阱更多，因此传统的灌输规范的德育方式的效率越来越低，我们必须通过德育活动将德育内化给孩子们。德育工作不应仅仅是班主任、心理教师的事情，还应“全员德育”——每一位教职员工甚至是学生，都应该成为德育的主体。

(三)专业后勤服务，促精细化管理

好的学校后勤管理工作相当于强大学校的“后盾”力量，可以为学校的正常运转提供稳定的物质保障，为学校专心办学提供良好的条件。要想提高学校后勤管理工作的质量，就需要对学校的资源进行合理、高效地调配和运用。只有这样，才能提升教学质量，才能提供良好的教学条件，才能促使学校和谐稳定发展。为此，我对二师附中的后勤管理提出三个要求：人本、精细、专业。

人本即以人为本，以“人”为核心的后勤管理流程，这也是学校实现和推广人性关怀的重要一步。后勤人员与其他教职人员没有孰轻孰重，只有相辅相成，后勤人员也应该拥有实现职业价值和人生价值的机会和感受。同时，搭建和完善后勤管理“问题库”是相当重要的，从产生问题到解决问题，“问题库”将是每个教职员工充分参与学校管理的优质平台。

精细即精致和细节，任何事情都必须做得“有棱有角”，不能马虎了事。在二师附中的改制过程中，后勤服务也要跟上节奏，后勤人员要把工作做得“精致”和有条理，该走的流程、该遵循的制度不可差漏。后勤工作相对于学校管理的其他工作来说，事情更加琐碎，细节问题更加应该被关注。

后勤专业也是一门复杂的功课，包含了学校的安保工作、环境清洁和绿化工作、食堂以及卫生管理工作、日常采购工作等，无一不体现出后勤专业的重要性。后勤管理是非常繁杂琐碎的，我非常佩服从事后勤管理的工作人员们。想做好学校的后勤工作，却没有相应的教育经费做支撑，就如“无米之炊”，这是我们能理解的问题。在教育经费的使用效能方面也存在高低之分：有的学校少花钱可以多办事、办好事，有的学校却花大钱办小事，甚至办不了事。在这之中，后勤管理团队能否培养出具有合理节源节流意识、熟悉符合现代学校制度要求的专业人才是关键。而这种专业性，恰恰凸显的是学校的品牌和形象，后勤服务的专业度也在一定程度上决定着学校办学的专业度。

三、个性课堂，实现有效教学和成就主体价值

青少年的个性结构的主要变化，主要体现在从心理上产生一种成人感，或称之为即成人感更为准确。绝大部分青少年渴望像成人一样独立完成社会义务，要求别人尊重自己，并开始对世界上的各种事物和现象产生自己的看法，这就是世界观的萌芽。因此，新课程理念倡导正视个体差异，主张尊重个性发展、因材施教。要求学校积极创设有利于学生个性化发展的氛围，搭建相应的成长平台；针对不同学生的个性特长创设适合他们身心发展的不同教育场景，努力为学生个性化发展创造各种

有利的条件。还要求教师转变教育观念，承认并尊重学生的个性差异，平等地进行师生互动，鼓励每一个学生大胆表达自己的想法和意见，并及时与教师进行沟通；提升教育方法和技能，实现从共性化教育模式向个性化教育模式转变，给每一个不同的个性提供健康发展的生长空间。

另外，现代教育也应是一种主体性教育，它更加认可学生的主体价值，要充分调动并发挥他们作为教育主体的能动性。主体性教育要求将被动的、外在的灌输教育转化为学生主体内在的、能动的教育活动。我认为，中学主体性教育的核心在于能够充分尊重每一位学生的主体地位，“教”始终围绕“学”来开展。而主体性教育不应再是“满堂灌”的授课方式，而应让学生成为课堂的主导，要求教师在实施教育的过程中，从传统的以“教师—教材—课堂”为中心的模式中跳出来，逐步转变到以“学生—活动—实践”为关键词的教学模式中，最大限度地开启学生的内在潜力与学习能动性，以教为辅，以学为主，让学生在课堂中找到自信和自主，让课堂教学活动真正成为学生“自主学习、自我建构、自觉实践”的有机结合的过程。因此，课堂教学改革和学校的大课程体系是二师附中体制改革、优化创新的“重头戏”。

(一)互助合作，探究自主学习

番禺区部分学校教师仍保持着传统的课堂教学方法：教师满怀激情地讲、学生云里雾里地听，被动接收一个课时需要的所有知识点和题目答案。二师附中改制以前亦是如此。二师附中的学校班子发现，这种教学方法带给学生过重的学习负担，并严重扼杀了学生的潜能，学生的学习效率日趋低下，教师也时常抱怨学生听不进去课程内容，教学任务和学生汲取知识的矛盾越来越大。针对这一状况，我经过深思熟虑和反复酝酿后，决定大胆“试水”，和学校班子商榷课堂教学改革的细节，提出了“基于学生能力培养的参与式课堂教学改革”模式，掀起了一场课堂教学的革命，以期释放学生固有的潜能，帮助学生形成自主、合作、探究的学习方式。

新课改的教学模式以“小组合作，先学后导”为基本特征，让学生积极地、有效地参与到课堂中来，以期他们能找到自己在学习中的个性表达和主体价值。当然，学习目标的有效达到是不变的教学根本宗旨，在实施的过程中，我还及时跟学校领导班子提出补充意见，如“课改”必须“改课”。在新的教学模式中，让学生成为课堂的中心，以六人小组围桌而坐、互助合作为形式，注重“学·思”结合，改变之前教师满堂灌输、学生被动接受的课堂状态；对应的课程学案也很重要，要让学案成为载体，使学生在预习、学习、复习三个阶段不同程度地、熟练掌握核心知识和关键问题。我们还积极倡导，要以学生自主、合作、互助、探究等方式主动建构知识，培养学生的自学、表达和记忆能力。

在新课改中，学生学习逐步形成小组文化。通过组建六人左右的学习互助小组，开展“自主学习—合作互助”的探究学习，在小组内倡导互相欣赏、互相尊重、互相鼓励、互相帮助，鼓励学生互相学习，取长补短，使学生在参与自主学习和交流展示中找到自身的价值，在合作探究和思维碰撞中感受成功的快乐。更重要的是，小组的形式让学生拉近了和同学的关系，提高了与他人沟通和交流的能力，并初步搭建自己的人际关系。在随堂听课的过程中，看着正在热烈讨论的学生们，我十分欣慰。新课改的意义不仅仅是通过自主学习、合作探究等学习方式来改变学生学习和记忆重要知识点的愉悦程度，还强调了学生通过新型学习方式来提高自己的自主学习能力、合作学习意识、科学探究精神，而这些对于一个人的未来发展都有着重要意义。

近年来，在我的带领下，二师附中领导班子制订了《课堂教学改革实施方案》，并以这份方案为指引，要求教师推进“小组合作，先学后导”的参与式课堂教学改革实验，并取得了良好的课堂教学成果。实施课堂教学改革以来，二师附中的各学科、各备课组、各德育线都能围绕“学案研制”和“小组建设”两个主题进行深入研究和积极实践，都成功形成并完善了“小组合作，先学后导”、学科特色鲜明、以导为学的导学案教学模式。可喜的是，小组建设与评价模式业已成型，且小组模式在部分班级、学科的效果日趋凸显，同时小组建设模式也纳入了省级课题研究项目。实施课堂教学改革来，二师附中许多学科的教学质量较之过去有了明显进步，学校的办学效益和竞争力明显提升。2012 年 10 月，二师附中成功承办番禺区“研学后教”课堂教学改革现场会，来自区内外的近四百名同行观摩了课堂教学，并给予了高度评价。另外，福建省区县教育局长考察团、郁南西江中学、湛江市第二中学、东莞市万江中学、云浮市新兴县华侨中学、增城市中新中学、广州市花都区园玄中学、海丰县林伟华中学等单位的近三百位领导、教师前来二师附中观摩、交流，学习教改经验。

(二)开设多元化课程，构建大课程体系

什么样的课程，培养什么样的人。在我看来，二师附中在推进新课改的同时，还应高度关注课程建设，应为学生搭建学校大课程体系，要不断完善立足于“培育现代君子”办学理念的课程体系，为全体学生提供丰富的、多元化的课程选择及优质的课程服务。为了帮助学生由学习知识向培养能力转化，并内化为其良好的综合素质，使“知识—能力—素质”相互促进、辩证发展，二师附中“美丽人生”特色课程应运而生。

除此之外，还要通过高等院校搭桥，为学生提供最好的平台。因此，二师附中邀请广东第二师范学院、香港中文大学一起开展课程，开发合作，引进外教资源，为学生开设普惠性的口语课程和国际理解教育课程，拓宽了学生的国际视野，以丰富多彩的活动课程和社团课程为学生发展搭建广阔平台。

这个大课程体系的必修课安排应根据学生高中三年的培养计划分阶段开课。作为“美丽人生”特色课程的有效支撑，学校的特色选修课定于每周三下午举行，学生根据学校提供的选修课清单，根据自己的兴趣和潜能，在网络平台选课，并采用走班上课的方式，按照选修课的学习、考核要求进行，修得既定的学分。此外，为更好地张扬学生个性，释放学生潜能，学校还开设“美丽人生”特色课程专修班，为有志于选择美术、音乐高考方向的学生提供学习的机会。学校整合校内外教育教学资源，充分发挥广东第二师范学院的平台作用。近几年，每年大约有一百名学生选修音乐、美术方向。我们尊重拥有不同才能的孩子的合理选择，并给他们提供我们所能提供的最好平台，这也是一种因材施教。

社团是一个有利于培养学生个性特长的活动阵地，开展学生社团活动可以丰富学生的课余生活，通过组织学生参与一些社团活动，将有利于提升他们学习文化知识的动力和信心。为释放学生潜能，学校高度重视社团建设，我们鼓励学生在不影响自己的日常学习的前提下，积极参加社团活动，拓展自己的视野。学校还将每个星期五下午的第八、第九节课作为固定的社团活动时间，并将参与社团活动的情况纳入学分制管理。目前，学校共有三十个社团，其中，模拟联合国、辩论社、街舞社、话剧社、二月风文学社已经发展为学校的核心社团、高端社团，模拟联合国成为番禺区优秀社团，多次成功承办跨校、跨区域的大型模联活动。二师附中还定期开展学校层面及学科层面的主题活动，如校园文化艺术节、校园读书节、体育节、校园才艺大赛、各学科主题教育活动等。

图 5-3　二师附中科技文化体育艺术节

文艺汇演——梅兰竹菊映初心

第三节　行知以航：广东番禺中学的“创新发展”

一、执着陪伴，让教育具有仪式感

从教育的目标看，教育一切为了孩子；从全面发展的角度看，教育为了孩子的一切；从教育公平来看，教育为了一切孩子。教育就是陪伴，陪伴孩子们在学校的这个社会里学会生活。人的生活应该具有仪式感。作为校长，我想参与孩子们高中三年的每一个成长过程，让教育具有仪式感，在孩子们开始努力时与他们展望未来，在奋斗过程中为他们加油助威，在取得成果时为他们欢欣喜悦。

(一)向梦想出发

2018 年 2 月 26 日上午，广东番禺中学在升旗广场举行 2017—2018 学年第二学期开学典礼，踏着春天的脚步，迈着欢快的步伐，站在一个新的高度、新的起点，共同迎接更美好的明天。新的学期开始了！我在开学典礼上鼓励孩子们“不忘初心，继续前进”，向着梦想出发：“今年是番中创办 30 周年，30 年来一代代番中人奋力拼搏，砥砺前行，为国家和民族培育了一大批优秀人才，做出了应有的贡献。与此同时也在社会上建立了良好的声誉，让番中在番禺教育乃至广州教育中都占据了重要位置。可以这样说，番中师生不仅成就了自己，也成就了学校。本学期时间短、任务重，高三学生只有 100 天就要迎来高考，所以风华正茂的我们要有强烈的紧迫感，珍惜每分每秒，争取以优异的成绩来为番中创办 30 周年献礼。”

图 5-4 胡展航校长在广东番禺中学 2017—2018 学年第二学期开学典礼上讲话

(二)向着幸福而奋斗

习近平总书记说：“幸福都是奋斗出来的。”在奋斗的过程中，学生需要不断地鼓励，而校长的激励更能让学生信心倍增。2018 年 2 月 27 日下午，为了让同学们珍惜百天，以满腔的热情迎接高考挑战，以铿锵的誓言见证百日冲刺，我校举行了以“奋战百天，超越自我”为主题的 2018 届高三百日誓师大会，为同学们决战高考加油助威。我赞扬了该届高三学子的积极向上、意志坚定、学习热情高，展示出在刚劲的节奏中品尝丰富知识的美丽校园风景，主要从“高三需要拼搏、高三需要自信、高三需要乐观”三方面鼓励同学们努力克服困难、快乐拼搏。

高三需要拼搏。人们常说“学习如登山”，它阐释的正是读书的艰难。毛泽东同志曾说“无限风光在险峰”，他告诫我们，科学探究的道路上并不总是一帆风顺的，很多时候没有平坦的路可走。科学探究如此，高三的学习亦如此，只有那些勇于在崎岖的路上攀登的人，才有可能成功登上顶峰，才会有“一览众山小”的机会。

高三需要自信。人因为自信而美丽，自信是每一位成功者的第一秘诀。只有自信，才能敢于面对困难；只有自信，才能充分激发自己的潜能。

高三需要乐观。乐观是人生的阳光雨露，心态是否阳光乐观，往往决定很多事情的结果。我们不难发现，乐观的人往往是意志坚强的人，是勇于面对困难的人，是经得住逆境考验的人。在他们看来，“困难像弹簧，你强它就弱，你弱它就强”。而悲观的人往往是害怕困难的人，是夸大困难的人，是容易被困难吓倒的人。作为高三的同学，我们可以自主选择是乐观还是悲观。我相信你们若敢于直面困难，你们的内心必定是光明的！

最后赠予同学们两句话：百日冲刺乘风破浪战高考，逐梦青春应无悔；十年磨砺滴水穿石展雄才，折桂蟾宫当有时。祝愿同学们梦想成真！

（三）向着新的目标出发

2018 年高考结束，又一届番中学子离开学校，陪伴他们一路走来，我心中甚是不舍，总想着为孩子们做点什么，让孩子们留下美好的回忆。6 月 10 日上午，学校在报告厅举行了简单又隆重的 2018 届高三毕业典礼。放下了考场上的压力，同学们比平时更加活跃，享受着令人难忘的高中毕业典礼，这是属于高三毕业生的青春时光。不到最后的离别时刻，似乎难以体味离别的艰难，毕业生代表分享了毕业感言，与同学们共同回忆了高中三年的点点滴滴，感恩老师的教诲，感恩父母的养育，感恩同学们的陪伴，在熟悉的学校里，慢慢变成永远的回忆。我在发言中首先祝贺同学们完成了人生中重要的一步，即将书写人生新的篇章，为同学们即将奔赴新的前程感到高兴，并在同学们回顾过去、思考未来、畅想青春与理想的时候提出几点希望：淡化高考结果，不以分数高低论成败；珍惜你的大学，升华人生境界；心系国家，勇于担当；做好人。高中毕业，意味着人生新的一段旅途即将开始，我真诚地祝福同学们都能梦想成真，希望同学们能肩负起时代的重任，心怀天下，情系祖国，在更广阔的天地不断实现人生的价值。我还为每位毕业生颁发毕业证书，同学们很激动，不断表示感谢，并邀请我一起拍照留念，一起做一些可爱的拍照动作。有老师开玩笑说：“胡校长今天至少年轻了十岁。”我笑说自己是“老顽童”，其实更多的是为孩子们的成长而开心。

二、率先垂范，重塑番中教师文化

(一)民主管理，让学校管理者各尽其能

在现代学校管理中，民主管理能充分发挥管理者的才能。我刚来番中时，无论是教师还是中层管理者都持观望态度，有些老师甚至以为我会全盘否定前任校长的措施。在第一次行政扩大会议上，我明确提出番中下一阶段的工作思路是“坚持继承中创新，扬弃中突破”，完全赞同前任校长提倡的“教师应该具有教育情怀”，继续脚踏实地，求真务实。我要求行政人员要在教师中起表率作用，上班要比其他教师早到，同时要“敢抓善管”，进行有底气的管理和有责任的担当，营造正能量的氛围，不能相互拆台，应该相互提携、相互补位，有难同当、有福共享，遇到困难时少找一点客观原因，多找自己的原因，部门之间要打组合拳，打造一支团结协作、支持理解、敢担当、具有包容心的行政队伍。在管理方面提出“民主管理，集中商讨”，并确定行政会议的基本流程：首先由各处室负责人、年级主管汇报工作，限时发言，然后由负责各条线的校长布置工作，最后由我集中意见，组织相关部门讨论重点问题，提出解决方案，言简意赅，不讲废话，争取开高效的会议。第一次会议结束时，我很诧异参会的行政人员没有立即离开会议室，他们说会议内容很充实，但是感觉时间过得很快，意犹未尽。

此外，番禺中学出台任何政策都必须进行“民主集中”，先广泛宣传，征询各部门教师意见措施的讨论稿要经过多方多次论证，并加强监督的力度。例如，学校教学质量优胜奖方案的制订，首先由教导处

征求各科组、各年级对原教学质量优胜奖方案的修改意见，然后由教导处草拟讨论稿，经过九次模拟测算，最后确定讨论稿，提交教代会表决。就这样，学校制定(修订)了一系列涉及学校方方面面的管理制度。经过一个月的观察，我们发现各部门的工作职能需做调整，经过民主讨论，最终确定体育艺术、信息技术、综合实践、图书管理、实验、学科竞赛、研究性学习、课时规划由教导处统一管理，门禁、一卡通、社保、医保由总务处管理，社团由德育处管理等。调整管理后要求各部门马上对接，快速磨合，统一思想，统一认识，增强凝聚力。各部门、各年级的管理者充分发挥专长，让学校的各项活动有条不紊地开展，“全国高中生发展论坛”“广州青少年科技创新节”“广州市高三教学分区会议”“番禺区高中毕业班工作会议”等活动陆续在我校举行，经过各部门通力合作，活动均取得圆满成功，番中的社会美誉度也不断提升。

图 5-5　2018 年 11 月，中科院数学与系统科学研究院研究员严加安院士(中)做客“番中论坛”

图 5-6 2018 年 11 月在“我心目中的科学与艺术”番中主题论坛上，严加安院士(右)为番禺中学题字

(二)相遇课堂，深度交流

叶澜教授指出：“必须看到的是课堂教学质量对教师个人生命质量的意义。如果一个教师一辈子从事学校教学工作，就意味着他(她)生命中大量的时间和精力，是在课堂中和为了课堂教学而付出的。课堂教学对他们而言，不只是为学生成长所做的付出，不只是别人交付任务的完成，它同时也是自己生命价值和自身发展的体现。”①身为校长，我首先是一名热爱课堂的教师，我喜欢上课，也喜欢听课，乐于在课堂中看到学生的求知若渴和教师的教学热情。只要在学校，我不在办公室，就一定在听课。开始时，教师们以为我是“新官上任三把火”，坚持不了多久，也比较紧张，评课时不敢交流。慢慢地，师生们经常能在课堂上见到他们有点“害怕”的校长，也越来越愿意与我交流，我也迅速地了解了番中的课堂生态和教师授课中的困惑。

在听课和评课交流中，我发现一直被认为是番中弱势的老教师队伍

---

① 叶澜：《让课堂焕发出生命活力》，载《教师之友》，2004(1)。

其实具有独特的优势。番中的教师平均年龄偏大，但来自五湖四海，正因为优秀才能来到番禺，平均年龄大也说明积累的教育实践经验丰富。我收集了听课中发现的精彩片段，通过参加备课组会议进行展示，极大地鼓励了年纪偏大的教师们。一些临近退休的教师更加热情地投入工作，坚持认真授课到退休。在学校为临近退休教师举行的荣休仪式上，老师们接过我送的鲜花、感谢信，热泪盈眶，会议现场掌声不断，场面十分感人。

在第一次行政会议上，我提出学校中层管理者的管理有效度要基于自身的专业教学水平，要求行政人员每学期听课不少于 20 节，并上交听课本到校长办公室备查。前一个月观察到行政人员较少听课，尤其是自己学科之外的课，之后我通过规定行政人员某个时间段听课、与他们一起参与听课评课等方式，让所有管理者深入课堂，与师生深度沟通交流，逐渐形成了番中的听课文化，越来越多的教师参与主动听课，主动邀请同事听课，番中课堂逐渐形成开放式、共享式课堂。

(三)上善若水，助力教师成长

《老子》云："上善若水，水善利万物而不争，处众人之所恶，故几于道。"这是说至高的品性像水一样，泽被万物而不争名利，不与世人争一时之长短，至柔却拥有能容天下的胸襟和气度。我追求上善若水的境界，但求给教师们更加广阔的成长空间。因为我是"正高级数学教师"的校长，初来番中，教师们似乎不敢与我谈论教师专业发展。经过教师专业发展意向调查，我发现教师们的成长需要鼓励，便宣布不与教师们争任何荣誉，同时开始了教师专业发展的动员。首先从学校各部门管理者开始，通过交谈了解到他们专业发展的困惑，指明他们的努力方向，并帮助三名中层管理人员申报高级教师。两位老师在参评特级教师时信心不足，我不断鼓励她们发现自己的优点，树立信心，耐心指导她们如何准备申报材料、如何在课堂发挥自己的最佳水平等。后来，她们通过层层选拔，分别被推选为 2018 年"南粤优秀教师"和"广东省第十批特级教师"。两位老师甚是感动，由于之前一直认为我太严肃，便笑言："胡校长看起来坏坏的，其实人好好的。”

青年教师专业发展是学校培养未来人才的重要部分，与青年教师交谈时，我往往选择分享自己的人生经历。在 2018 年 4 月 17 日青年教师工作会议上，我从 1984 年大学毕业说起，分享 1994 年做校长的经历和三次申报正高的经历，感悟一个人在人生发展过程中定会遇到不顺利的事，以何种心态面对非常重要。在青年教师如何规划自己的成长方面，我建议老师们给自己设定具体目标，如教学目标、论文发表、课题研究等，认真对待自己负责的工作，千方百计地提高教育教学质量。有青年教师担心全身心投入工作会影响子女教育和家庭生活，我以自己的亲身经历告诉他们，任何一个区域名教师都是在摸爬滚打中磨炼出来的，刻苦的精神对家庭和孩子的积极影响不可估量，机会是留给有准备的人的，只要一直努力，一切会水到渠成。青年教师们深受启发，一位老师说：“原来校长在成长过程中也会遇到那么多困难，已经是正高级了，还在写论文、研究课题，成长的路上我一定要更加努力。”此后，我很欣慰地看到学校的教研氛围日趋浓厚，教师们参加课堂评比、课题研究、论文发表的积极性大大提高，课题立项、课例、论文获奖人数达到番中历来最多。

(四)树立“精品”意识，追求创新

大数据时代，科技日新月异，社会发展迅速，学校工作的开展也应跟上时代步伐。关于学校各项工作的开展，我提出要有“速度”，有时间观念，树立“精品”意识，追求卓越，创新发展。例如，接到举办广州市高三教学分区会议的通知，我便迅速安排制作学校的宣传介绍及详细课表，一册在手，与会教师们既能迅速找到听课和会议地点，又能了解番中教育集团的进展，500 份手册很快就发完了。再如组织科组长和备课组长去河北正定中学学习，我与该校校长电话沟通，克服困难，每科都安排了听课和交流，让教师们收获满满。又如学校举办的“最美办公室评比”活动，激发了全校教师美化办公环境的热情，教师们动手把地板拖了一遍又一遍，还自己买花布置办公室，舒适的工作环境让教师们心情舒畅，更加有“以校为家”的感觉。而为了让2018级高一新生快速适应高中生活，进入生涯规划状态，我指导高一年级制订了详细的高一新生学前教育系列活动方案，既有高中生学习行为讲座、高中各学科指导讲座，又有高中生心理适应讲座、大课间和应急疏散演练等活动，内容精彩，让高一学生感恩、感动。

图 5-7　学校开展“最美办公室”评比活动

如今，广东番禺中学面临着前所未有的好机会：新高考新课程研究、教育集团研究等研究方案已制订，准备实施，附属学校初中部的创新教育发展势头良好，小学部的全课程已初见成效，产生了很好的社会反响。作为校长，我肩负重任，引领学校追求卓越，不断创新和发展。

第六章 专家评说
——“师也者，教之以事而喻诸德也”

从教30余年，我兢兢业业、勤勤恳恳、稳扎稳打，一步一个脚印地先后在潮阳一中、二师附中、广东番禺中学任职，积累了学生、家长和社会的好口碑。我积极参与课题、论文、工作室、教研活动等工作，职业生涯可以说是硕果累累。勤学实干的作风获得了各级领导、各类专家的赞扬与肯定，担任校长期间也接受过多家媒体的专访，如《中国教师》《广州日报》《广东教育》等。《人民教育》杂志社的任国平编辑曾评价我“每到一所学校，都能高屋建瓴，以自己的管理经验和智慧，把学校带到一个新的发展境界。这些业绩，着实难能可贵。新时代基础教育事业的改革发展，需要更多这样的校长”。《现代中小学教育》编辑部江桂珍主编说：“胡展航校长坚持教育改革、潜心研究，在学校管理体制改革完善、课堂教学模式变革、集团化办学等方面取得了令人瞩目的成就。对普通中学办学优质化、薄弱中学现代化、集团化办学等进行了卓有成效的探索，有相当高的学术指导意义和实践示范效应。”

第一节 名校长：人本利他领导哲学的践行者

我一直认为，学校管理的本质应该是通过学校其他教职员工来完成学校的各项教育教学任务。作为学校管理团队中的高级领导者，校长需要以"互信和尊重"为驱动力，打造一支具有卓越执行力的管理团队。而校长一流的领导力是管理团队具有卓越执行力的前提和保障。

一、培养学校管理团队，明确各级管理角色定位

我始终认为，校长有一项重要的领导使命，即为学校培养和打造有战斗力的管理团队，而非越俎代庖，亲力亲为。衡量一个校长领导力的方法，就是观其能否辨识人才，以及可以培养多少优秀能干的人才。

我把学校的管理团队分为三个层次，明确不同层次管理者的使命和任务(如图 6-1 所示)。

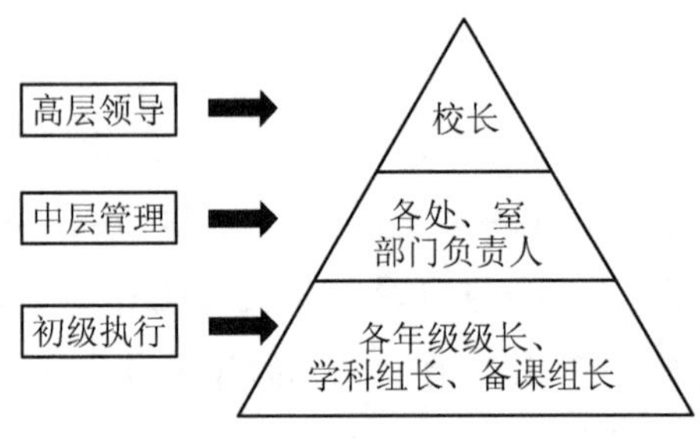

图 6-1　学校管理团队层次

1. 初级执行：任务必达

学校的初级管理者是指各年级级长、学科组长和备课组长。级长分总级长、级长、教学级长和德育级长，形成年级管理团队。学科组长协同年级备课组长统筹安排学科教学规划、教学进度、教材整合、课型构建、课后落实。由他们构成的学校初级管理团队的工作主阵地为教学一线，是学校各项教育教学管理制度能否最终落地的关键，其职责以任务执行为重。

2. 中层管理：面面俱到

学校的中层管理者是指各处、室的主任和副主任，这个队伍是整个学校大团队的"大管家"，他们既要负责本处室的工作，有的还做年级主管，负责学校方方面面的事务，如上传下达领导指令、细化学校整体目

标、协调各部门的工作、各类教育教学工作考核评价。从某种程度上来讲，一个学校的各项制度政策最终是否能真正变成现实，中层管理团队的“事无巨细，面面俱到”及应对各种纷繁复杂事务的管理能力起着决定性的作用。

3. 高层领导：凝心聚力

校长属于学校管理团队的高层管理者，其工作的核心之一是考虑任何一个决策或制度对整个学校工作氛围和员工情绪的影响。

作为校长，自然而然就成为整个学校管理团队的主心骨，一言一行都会被无限放大，对学校产生较大影响。因此，校长一定要舍得花工夫打造一个让教师觉得温暖、乐于奉献的学校氛围，其核心目的就是要调动教师的工作积极性，激发他们的工作热情。唯有这样，才能为学校吸引人才、留住人才，人才是学校健康可持续发展最重要的软实力。

二、学会授权，允许犯错

在培养学校管理人才的过程中，校长一定要学会授权，懂得放手。校长好比教练员，主战场在场下，不能替代球员去冲锋陷阵。这个道理很简单，但是却有许多人“乐此不疲”，其主要原因在于管理者不允许事情出差错。身为学校的高层管理者，需要对学校的整个运作发展肩负很多的责任，让各类事务处于自己的掌控范围内。与一般管理者相比，校长的经验和能力无疑是出众的，他们自信自己能够将事情处理得更好。与其到最后可能还要自己来收拾残局，不如一开始就亲力亲为，越俎代庖。这是培养人才的大忌。

刚进入管理团队的教师要是碰上了这样的校长，会发觉自己没有获得足够的信任，工作积极性会大打折扣。长此以往，其主动工作的热情就会逐渐消失，转而采取消极应付的态度。相反，学校的高层管理者则会每天深陷琐碎的工作事务，无法抽身对学校的整体规划做出战略性的思考和部署，这对学校的长远发展是极为不利的。

任何一名校长都要明白，如果希望学校进入可持续发展的良性循环，必须学会放手，实行团队赋能，最大限度地激发管理人才的潜能。在这个过程中犯错是不可避免的，但须知不断试错是人才成长的必经环节，也可让其本身在错误中发现缺陷，调整并加以改进。不犯错就错失了发现改进方向的良机，也就无法获得成长的空间和机会，也就没有意愿和能力去担当。

校长在培养人才的过程中，最大的挑战就是要眼睁睁地看着培养对象试错、反思、纠错、改进和实践的循环往复，隐忍、提供试错空间，培养属于他们的担当和责任感。正如《刻意练习：如何从新手到大师》一书中提到的，提高领导力和管理能力的途径就是练习、练习、再练习，前提就是管理者敢于放手、授权和赋能。

三、利用沟通视窗，畅通人际沟通

沟通视窗是一种关于沟通的技巧和理论，也被称为“自我意识的发现—反馈模型”，主要包括隐私象限、盲点象限、潜能象限和公开象限。

1. 隐私象限：精准、及时反馈

在学校的管理工作中，隐私象限包括管理者“羞于开口”或“未能及时反馈”的信息。在日常的管理工作中，有时教职员工无法意识到自己工作的不足，一些问题在该纠正时未能获得及时必要的反馈，就容易酿成工作中的严重失误。

另一种是“不记得说”。所谓“不记得说”，往往指管理者想当然地认为员工应该知道，不说也应该明白的信息。人际沟通之间存在许多信息沟通不到位的情况，管理者自认为表达清楚了，而沟通对象却一头雾水。当管理者对自己负责的工作过于熟悉时，就会觉得一切都是理所当然的。这就是所谓的知识的“诅咒”。

了解了知识的“诅咒”，我们就能明白，不是所有人对待同一件事情都能站在管理者的角度去看待的。因此，我们必须完整、清晰、流畅、反复传达我们的理念和认知，保证整个团队对于管理目标和共同愿景的一致性。

2. 盲点象限：闻过则喜，知过不讳，改过不惮

对于管理者来说，盲点象限就是自己没有意识到，而别人知道的管理中的不足。作为学校的管理者，如果希望员工能够养成反思的习惯，自己就要率先示范，做到开通投诉渠道，主动收集教师反馈，力争“闻过则喜，知过不讳，改过不惮”。

身为管理者，要有认错改错的气度和胸怀。首先，不怕别人指出错误；其次，知道错了不自欺欺人，自己仔细分析错误的由来；最后，坚决地改正错误。不怕别人的议论，不怕丢面子，无惧改过的艰辛，从而不断完善自己，不断成长。

作为学校的管理者，一定要敢于正视问题，而不是回避问题。如果在工作中避重就轻，“讳疾忌医”，那些原本只是苗头性的问题，就会越拖越大，由小错酿成无法挽回的严重失误。

只有这样，才能为老师们树立榜样，构建“实践——反思——总结——再实践”的良性循环。

3. 潜能象限：充分挖掘每一位教职员工的潜力

潜能象限是指自己和他人都不知道的区域，具有巨大的能量。在学校里，管理者受自身能力的制约，无法完全了解每一位教师的实际工作能力，因此往往会对教职员工做出一些相对主观的判断。

作为管理者，必须时时刻刻提醒自己，不要忽视任何一位教师的能力，只有充分激发教师潜在的能力，才能为学校源源不断注入教育创新的动力。在学校管理中，校长和其管理团队成员的眼光极为重要，用人原则中很关键的一点就是“赛马不相马，人人是人才”。作为校长，一定要克服主观上的偏见，以标准、流程化的机制公正公平地对待每位教职员工，创造公平竞争、积极向上的氛围，以最大限度地调动和激发教师们的教学热情。

4. 公开象限：赢得教职员工的尊重与信任

公开象限是指那些我们知道并且别人也知道的信息，是学校管理中

最重要的部分，决定着管理者是否能树立威信，与教职员工是否能建立尊重，赢得互信。可以说，一个人的成长过程，就是其公开象限被不断放大的过程。因此，扩大公开象限就可以为管理者提升自己在管理团队中的被信任程度。

校长领导力的核心就在于获得管理团队及教职员工的尊重和信任。校长可以通过以下方式来扩大自己的公开象限：第一，把“羞于启齿、未能及时反馈和不记得说”的信息对员工做自我揭示，把人与人之间沟通的范围扩大到工作之外的生活、个人兴趣爱好等，增加彼此之间的共同语言。第二，通过开设投诉渠道、收集教代会提案等方式主动收集来自一线教师的反馈，从而及时发现问题，通过对存在问题的深入及有洞见的分析，找到解决问题的办法，突破工作瓶颈。

因此，我想，对学校的管理更多的是要立足于学校实际，做好顶层设计，发挥中层干部的力量，开发他们不可估量的潜能。如果把学校比作一艘开往彼岸的船，校长就是船长，要时刻把握好航行的方向。我曾任职的二师附中在更名之初，生源差，人心散，学校管理难度大。而就是这样一所薄弱学校，在我到岗后的短短两年多时间里，就成了“广东省国家级示范性普通高中”，完成了大家觉得“不可能”的任务。在这期间，我带领学校领导班子，除旧履新、大力改革、推陈出新，制定和完善了各项措施，促进学校更好的发展，因此二师附中也被评为广东省综合改革试点单位。正如评估专家所说：“胡展航校长的大力改革让二师附中重现光芒，他的改革是成功的！”

体制创新背景下二师附中的快速优质发展

——《中国教师》杂志社访谈胡展航校长实录

“我们用三年的时间，根本扭转了二师附中的校风、教风、学风，把昔日的一所薄弱学校，转变成为广东省国家级示范性普通高中，由番禺区昔日的‘第三世界’，跻身高中教育‘第一军团’。”胡校长说这番话时显得很激动、很自豪。是的，他有理由自豪！问他有何秘诀，胡校长说了 16 个字：理念引路，体制创新，从严治校，特色发展。

胡校长说，二师附中原来存在着诸多功能性顽疾，沉疴难除，是番禺区典型的城乡接合部薄弱学校。教师群体中普遍存在生源决定论思想，课堂教学满堂灌现象严重，学校管理比较粗放，不够标准化和精细化。教风不正、学风不浓、校风不纯，导致质量持续走低，无法走出低谷和瓶颈，学校社会声誉不高、口碑不佳，生源无法得到良性循环。教师自信心缺失、尊严受损，有较大的挫败感。倘若不改革、不创新，被边缘化的命运即将到来。改革前的附中，山重水复疑无路，体制等待创新，活力等待激发，凤凰等待涅槃。

首先，合作办学，管办分离。二师附中充分利用“院地合作、共建共管、管办分离”的办学体制，在现代学校制度建设方面先行先试，为高等师范院校与地方政府合作办学提供标本和示范。按照现代学校制度特别是民主管理、开放管理的要求，实施按章程自主管理，创新学校内部制度，提高学校组织效率，建立以章程为根、以制度为框、以文化为脉的学校制度体系，形成职责明晰、运行协调、以人为本、以章为行的学校管理体制。

其次，加强现代学校制度建设。学校开拓创新，围绕依法办学、自主管理、民主监督、社会参与等要素，着手探索现代学校的民主决策机制、管理责任机制、监督制衡机制、参与合作机制和平等竞争机制，积累了许多有益的经验，得到广东省教育厅的充分肯定。建立有教师、学生及家长代表参加的校务委员会，逐步完善民主决策程序；树立开放民主、科学高效的管理观，按照“精简、效能、统一”的原则，积极开展中层机构设置与聘任的改革，进一步完善校内机构设置，提高管理效益和服务水平；探索实施岗位问责机制，进一步明确各岗位的职责和工作要求，避免“多头布置”“重复布置”，实现教师工作的“轻负担、高效率”。

最后，重视教师专业发展，升级课堂改革。二师附中的改制，生源未变，师资未变，要想实现“改薄”，走上快速优质化之路，教师专业发展迫在眉睫。二师附中教师的专业发展，置于院校合作这一大视野和大背景之下。充分利用广东第二师范学院培训资源的优势，这是教师专业发展得天独厚的条件。这种一对一、接地气的培训，既仰望星空，又脚踏实地，实现了理论与实践的对接，凸显了培训优势和培训效益。

如火如荼的改革，充分体现了“以生为本”的理念，彰显了对学生的人文关怀，渐渐地，二师附中的师生观念转变了、管理方式转变了、教学质量提升了、生源改善了，一种生源与质量的良性循环正在悄悄形成。近几年的高考中，二师附中取得历史性重大突破，连续荣获广州市普通高中工作一等奖，以快速优质化的生动实践抒写了教育“改薄”史上的奇迹。课程建设也取得了优异成绩，2013 年 5 月，学校申报的“美丽人生”特色课程获得广州市普通高中特色课程重点立项，并被授予广州市普通高中特色学校的称号。

第二节　实干家：仰望星空脚踏实地的决策者

在学校管理中，作为决策者的校长，经常需要面临各种错综复杂的境况并做出抉择。二十多年的校长生涯给我的深刻感触是：校长的决策贯穿于学校管理的全过程，从某种程度上来说，校长的决策即学校管理，对于整个学校的常规运作、长远发展及目标达成起着重要的战略作用。那么什么是决策，如何成为一个睿智理性的决策者，这是任何一个校长都无法绕开的关键核心问题。

一、决策制定对于学校管理的重要性

1. 决策制定是学校管理的基础

决策是指在各种现行的方案中选择其一作为未来工作部署的行动指南。校长在进行决策前，需要对工作计划进行前期研究与分析，对未来执行的过程中可能会出现的问题进行预估性评判，然后再理性选择合理的行动方案。任何缺乏前期调研，不考虑目标与现行条件、能力是否匹配的决策都是危险的，极有可能给学校发展带来无法弥补甚至不可逆转的损失。

2. 决策制定是计划执行的前提

执行力源自精准的判断力。在学校的日常管理工作中，管理团队的执行力是整个学校运作效益的最直接体现，也是衡量一个学校是否良性发展、有效管理的重要指标。科学理性的决策就是最大限度高效利用学校的现有资源，提升学校管理流程的有效性，以求最大化实现学校的既定目标，即“先做正确的事，再正确地做事”。

3. 决策制定是目标达成的保障

决策有助于明晰目标，统一认识，提升行动力，让整个学校的教职员工明白工作的方向和要求。学校重大决策的制定需采取民主方式，广开渠道，多方收集各类信息，征求各方建议和意见，一定不能闭门造车或一言堂。民主决策有助于增强教师在学校事务中的主人翁意识，共同的认识带来高效的执行力和行动力，有利于提高学校的凝聚力，营造积极向上的学校文化，同时也有助于改进领导团队的管理水平，从而实现学校的良性发展。

二、学校管理中的决策制定思维模式

做决策，是所有校长在学校管理中几乎每一天都要面对的，科学理性的决策可以让管理者从被动应对到主动出击，变不利为有利，从失败走向胜利。那么如何做出好的决策？如何在理想信念与理性选择之间进行平衡？如何大胆创新又不失稳步迈进，在现实与诗和远方之间拿捏有度？这就需要我们构建“对立思想与行动力”相结合的决策制定思维模式。

提到决策制定思维模式，我想引用希腊神话中对狐狸及刺猬的描述来阐述：“狐狸多知，而刺猬有一大知。”后人以此来比喻人思维方式的不同。狐狸式思维的人善于多渠道收集不同信息，准确地做出预警和判断，灵活地调整目标和策略，但是容易迷失目标与方向。刺猬型思维的人始终坚持目标的单一和纯粹性，偏爱先入为主，死守固定原则，忽略手段的灵活多变，拒绝批判和反思。两者的悲剧在于彼此都缺乏对方身上的一种重要品质。如果能把狐狸对环境的敏感和刺猬对目标的执着结合起来，就可以酝酿出成功的决策。“对立思想与行动力”相结合的决策思维模式即在大脑中调和对目标的方向感和对环境的敏感性，同时保持行动力。

这个故事告诉我们，校长在学校管理的过程中制定决策，既要有明确的目标和方向感，又要对实现目标必须具备的学校现有资源配备，教师能力现状有全面、充分、客观的认识和了解，即拥有对环境因素的敏锐判断。目标为船，能力为舵。决策就是根据风向、海浪和潮汐，不断调整船的前进速度和方向，保证船能够稳步前行。从本质上来说，决策就是“远大目标与现有能力的平衡”。

但是，在现实的学校管理工作中，不少校长走上学校高级管理岗位之后，渐渐疏远了学校一线，对于环境变换的敏感性逐渐变弱，容易陷入“有远大目标，却忽略资源、能力等环境因素处于动态变化过程”的泥潭，一味只考虑怎么做、怎么走，却忘记“目标与能力的匹配”，即常识。理性的决策思维模式需要决策者具备两个要素。第一，制定的目标清晰明确，切实可行。第二，随着资源、能力的变化迅速调整目标。即作为决策者的校长们应同时兼备狐狸式的敏感与刺猬式的执着，在拥有宏大目标的同时，时刻牢记远大的目标需要有与之相匹配的能力。最大的决策失误，莫过于用于实现目标的资源、能力发生了变化，与目标之间不匹配，而决策者本人未能察觉，没有及时做出必要的调整，从而造成巨大的决策风险。

正如电影《林肯》中，美国第 16 任总统林肯回忆自己从做测量师的工作中习得的道理：

指南针能够在你所在的地方为你指出真正的北方，但是对于前行路上将要遭遇的沼泽、沙漠和峡谷，它不会给出任何建议。如果在前往目的地的过程中，你只会闷头向前冲，不顾障碍，必将陷入泥潭，一事无成……那么，即使你知道真正的北方又有什么用呢？

我们看到，林肯既心怀远大理想，同时又能考虑到眼前所需，把对立思想与行动力进行有机结合。这种思维模式给我们很大的启发。

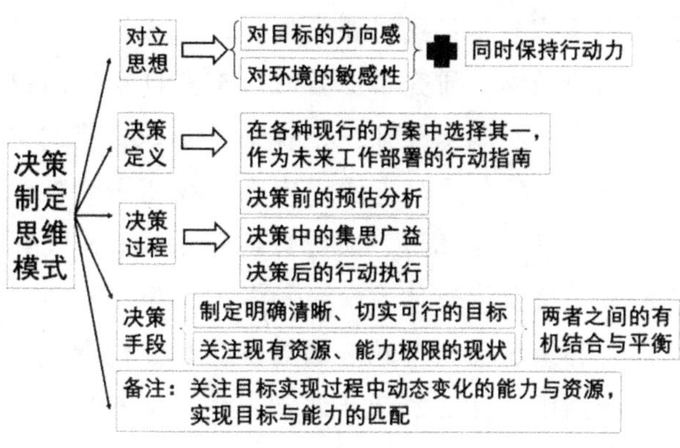

图 6-2　决策制定思维模式图示

总之，校长作为学校管理的决策者，在决策制定的过程中应具备一种全局观，要能够洞察各种影响因素的重要性，并权衡关键利益与次要利益，在意志坚定的同时不任性妄为，在抽象的决策与个人情感之间取得平衡。决策者身居高位，应始终不忘“常识”，即目标达成需要有与之相匹配的能力。只有容许精准清晰的目标与动态变化的环境对立共存，并保持高度的执行力和行动力，才能为学校的长远发展制定出科学理性的教育决策，成为睿智的教育决策者。

第三节　真学者：潜心钻研求真务实的知识人

身为校长，虽然每天要面对许多繁杂的行政事务，但我从来没有放松过对自己专业的要求。在校长的岗位上，我依旧孜孜不倦地做学问、做科研、做课题，研究着自己喜爱的数学，不断提升自身的课堂教学能力、教育科研能力以及终身学习的能力。

一、深扎一线，潜心教学

一直以来，我非常关注基础教育的改革和发展，致力于推动课堂教学改革和课程建设，并长期深入一线课堂，从事高中数学教学工作。“能站稳三尺讲台的才是好教师!”我对课堂教学情有独钟，从踏上讲台的那一刻开始就潜心钻研教学，研究学法教法，丰富自身的知识系统并继续加强学科知识的学习，如概念类知识、规则类知识、范式类知识，探究新的学科知识，设计、落实及改进课程内容。我还研究教学法知识，如如何教知识，如何激发学生动机、如何管理课堂、如何设计与评价知识等。我善用不同教学法及多媒体教学激励学习动机，不断提升自身的思维能力、表达能力和组织能力等核心教学能力。专注课堂教学，注重课堂知识的生成，利用生成性资源活跃课堂，注重培养学生的数学思维和数学学科核心素养，在教学材料整合、教学组织形式、教学方式方法、课后作业布置方面有深入的研究和独特的见解，多年来一直坚持在一线教学，所授数学课深受学生的喜爱，同时也收获了一系列荣誉。

2004 年我被评为南粤优秀教育工作者，2005 年被评为汕头市名校长，2006 年被列为汕头市优秀拔尖人才，2007 年起任广东省普通高中教学水平数学学科评估专家，2009 年被广东省教育厅授予广东省基础教育系统名校长荣誉称号，2009 年 12 月被评为广东省基础教育系统“百千万人才工程”省级教育专家、名校长、名教师培养对象高级研修班优秀学员，2010 年 3 月起任广东省中小学校长培训中心兼职研究员，2010 年 4 月起担任汕头数学会副理事长，2010 年 8 月被聘为广东省人民政府督学，2010 年 10 月被聘为广东省高中数学骨干教师省级培训班主讲教师，2011 年 6 月被聘为广东省高等师范院校数学教育研究会第七届理事会理事，2013 年 7 月被聘为中山大学教育学院教育硕士研究生导师，2013 年 8 月被广州市教育局评为广州市优秀教育工作者，2016 年 10 月被评为中学数学正高级教师。

二、积极教研，硕果累累

在做好决策、管理工作的同时，我更是长期坚守在中小学科研一线。我认为，问题是最好的课题。对于教师而言，其教育科研能力是其综合能力的体现，也是教师解惑并进行二次知识创造的能力，其核心部分是知识创新的能力。我坚信，以教研促教学，科研立校，才能真正解决教师们教学过程中的实际问题。我长期坚持深入课堂，每周大量听课，并在听课后及时向授课教师反馈，与教师共同研讨如何上一堂高质量的课。定期参加备课组的集体备课，指导备课组进行精细化的“一备”“二备”和“三备”。指导学校教学线管理者在调研大量课堂的基础上，建设广东番禺中学的新授课、复习课、讲评课、练习课的课型规范及操作流程。更是坚持以课题研究促教研，构建一个个教师学习共同体，如带领广东省名校长工作室研究团队研究“现代学校管理”的制度及管理流程，组织数学学科和信息技术学科研究团队研究“信息技术与数学课程的整合”和“基于学生能力培养的参与式课堂教学模式”，创新与大学院校合作，研究“欠发达地区高中教师专业化发展”和“院校合作视野下高中学校教师专业发展”等课题，现指导建设“广东番禺中学新高考新课改研究”的研究团队，制订“广东番禺中学新高考新课程改革背景下教学工作研究方案”，制订新高考、新课改的预案。担任校长多年，我组织了一个个研究团队，承担了一个个研究课题，成果丰硕。

图 6-3　2018 年 12 月，广州市彭琴名教师工作室揭牌仪式

工作室方面：2010 年我被认定为首批广东省中小学校长工作室主

持人，课题研究题目为“基础教育现代学校制度的探索和实践”，2013年主编的《基础教育现代学校制度的实践与思考》由中国轻工业出版社出版，同年被授予广东省中小学校长工作室“优秀主持人”荣誉称号；2015年3月被认定为广东省第二批中小学校长工作室主持人，课题研究题目为“基于当代基础教育价值取向的学校变革研究”，考核优秀；2018年4月被认定为广东省第三批中小学校长工作室主持人。

图 6-4　胡展航名校长工作室“全家福”

图 6-5　胡展航名校长工作室开展 2018 年入室研修活动

课题方面：积极参与广东省“十一五”“十二五”“十三五”规划项目课题。2002年7月至2006年12月，承担全国教育科学“十五”规划国家重点课题“新基础教育课程教材开发的研究与实验”(课题号AHA010018)的子课题“运用信息技术与数学课程整合，培养创新型人才”的研究，取得圆满成功。2006年8月至2008年12月，主持广东省普教系统“百千万人才工程”升级培训对象专项科研课题“欠发达地区高中教师专业化发展实施途径研究”[课题号SBQWKT(三)057号]，圆满完成各项研究任务。2011年3月至2014年2月，主持广东省“十一五”规划项目课题“院校合作视野下高中学校教师专业发展的实践研究”(课题号2010TJK075)并顺利结题。2015年3月，主持申报的省“十二五”规划项目课题“基于学生能力培养的参与式课堂教学模式研究”获得立项(课题号2014YQJK039)，研究项目已经顺利结题。2019年7月，申报国家“十三五”规划教育部重点课题“基于集团化办学背景下的学校变革研究”获得立项。

三、撰写论文，提炼成果

对于教师而言，其专业发展之路其实是一条不断修行之路，在这个过程中，培养终身学习的意识和能力极为重要。而若要拥有终身学习能力，培养反思能力是一项先决条件。教师只有通过不断学习和反思，才能不断提升自身的专业发展能力。因此，在积极开展课题研究的同时，我还坚持不断反思，进行专业学习的同时还研究学生的发展特征知识，教育背景知识，有关教育价值与哲学、历史观的知识，积极撰写教育教学论文，总结和升华自己的成功经验，提炼教学思想，将教育教学实践中的经验和思考上升为理论，探索教育教学的新模式和现代学校管理的制度建设。例如，在数学学科教学方面的论文中探讨如何提升数学课堂的实效性，如何通过激活数学变式思维培养学生创新品质，如何整合高中数学课程和信息技术与如何利用生成性资源活跃课堂等主题，在教学内容整合、教学方式创新、小组合作、自主学习等学习策略方面展示了自己的教学主张。尤其是在课堂教学模式的构建方面，以专著论述“基于学生能力培养的参与式课堂教学模式”，为新课改下课堂教学模式的构建提供了极具价值的课堂模式典范。在教学管理方面的论文中论述教师专业发展中存在的问题及解决路径，并结合学校管理实践，以专著论述“现代学校制度”的建设与管理创新，为现代学校管理提供了操作性极强的流程和制度参考。

我的主要论著如下：

学科教学类论文：《院校合作视野下高中教师专业发展的有效途径研究》发表于《师资建设》2014 年第 5 期；《数学教学中“小组合作学习”的误区与对策》发表于《数学之友》2014 年第 2 期；《利用生成性资源活跃课堂的艺术》发表于《新课程》2012 年第 5 期；《数学教学设计自主学习实现人本价值刍议》发表于《中学数学研究》2012 年第 7 期；《激活数学变式思维，培养学生创新品质》发表于《中学数学研究》2011 年第 4 期；《“数学美”的教学意义》发表于《新课程》2011 年第 5 期；《如何提高数学课堂的实效性》获汕头市数学教学论文一等奖，并发表于《中学数学教学参考》2010 年 10 月下旬刊；《高中数学课程与信息技术整合中存在的问题及对策》发表于《中学数学研究》2010 年第 5 期；等等。

教育管理类论文：《教师情绪化问题的成因及管控对策》发表于核心期刊《教学与管理》2015 年第 22 期；《浅谈“现代学校制度”的建设与管理创新——以广东第二师范学院番禺附属中学为例》发表于《中国教师》2013 年第 14 期；《人人参与，成就美丽课堂》发表于《师道》2013 年第 1 期；《欠发达地区教师专业化发展的策略》发表于《师道》2009 年第 12 期；等等。

著作：2005 年 4 月，主编出版了《新课程标准下的普通高中学校管理》；2013 年 6 月，主编出版了《基础教育现代学校制度的实践与思考》（中国轻工业出版社）；2017 年 8 月，编著并出版了《现代学校权力运行中的流程管理——广东第二师范学院番禺附属中学若干典型案例详析》（广东高等教育出版社）；编著的《基于学生能力培养的参与式课堂教学模式——广东第二师范学院番禺附属中学课堂教学改革的实践与思考》一书已出版。

四、开展讲座，分享知识

我坚持改革创新，不断探索新形势下教育教学和学校管理的新思路、新方法，在教育教学研究、现代学校管理的建设等方面取得创造性的成果。这些成果具有重要的科学价值，取得了良好的社会效益，因此我多次受邀展示教育教学和学校管理成果，连续三次被认定为“广东省名校长工作室”的主持人。“达则兼善天下”，长期以来，我一直怀着这一精神践行教育公平，乐于分享，以期自己教育教学和学校管理的优秀成果发挥更大作用。这些成果主要以“专题讲座”“现代学校制度现场会”“校长研修培训”等形式呈现，并通过“广东省名校长工作室”直接指引跟岗学习的校长，提升校长们的学校管理能力，培养了一大批的校长，并且还注意结合辐射地方的教育实际情况，有的放矢地传递教育教学新理念，让这些学校的老师真正获得成长，帮助一批批学校的管理走向规范化、科学化和现代化。

我多次为教育管理工作者、教师及学生开展专题讲座。2004 年 4 月在“人文关怀”开放活动中为师生作了“责任·爱·尊重”的专题讲座；2010 年 12 月参加省高中数学“名师讲堂”活动并作了题为“中学数学教学：问题、有效性与发展动态”的专题报告。2015 年以来相继接待广东省第十四期高中校长高级研修班，2015 年汕头市中学校长任职资格培训班(两批)，广东省 2015 年中小学骨干校长班，广东省 2017 年普通高中学校校长能力提升培训班，河源市东源附城中学，肇庆职校(进修学校)中层干部，美国斯特艾特高中、纳蒂克高中，广东省 2017 年中小学骨干校长高级研修项目学员，广州市卓越中小学校长促进工程班的领导和学员，新会区区政府和教育局领导，香港姊妹学校——明爱屯门马登基金中学部分领导和教师，揭阳市榕城教育实验区的领导、老师等到二师附中学习和交流。2015 年以来相关专题讲座有：2015 年 5 月为广东省骨干教师作题为“数学教学中‘小组合作学习’的误区与对策”的专题报告，2015 年 5 月召开番禺区现代学校制度现场会，并于 7 月作番禺区现代学校制度建设专题讲座。作为广东省政府督学、教学评估专家，我积极为广大中小学、骨干校长、教师提供学校管理和教育教学方面的培训和指导，尤其促进了工作室培养对象所在学校及其区域的可持续发展。如2015年3月和7月，我分别为番禺区、顺德区中小学校长开展题为“中小学学校章程制定的实践与思考”的讲座；2016年3月和5月，分别为海南省文昌市中小学校长、广东省骨干校长培训班、江西省部分骨干校长开展题为“课堂教学改革的探索与实践”的讲座。

图 6-6　胡展航校长为毕节市赫章县骨干教师培训

图 6-7　2018 年 11 月，胡展航名校校长工作室承接广东省 2018 年普通高中校长任职资格培训班跟岗实践活动

图 6-8　2018 年 10 月，粤东西北地区高中学校校长能力提升班成员在广东番禺中学跟岗学习

每一篇论文、每一个课题、每一本著作的背后都是我对教育的一片赤诚之心。热爱数学、热爱教学、热爱教育，正是这份热爱让我不知疲倦地仔细做学问，认真求知识，力求成为一名求真务实的学者型校长。

第四节　教育人：严谨笃学言传身教的引领者

校长是教师专业成长道路上的引领者，学校发展的掌舵手，在一所学校里起着示范引领的作用。校长的工作习惯、处事风格会潜移默化地影响学校师生，在学校规划、办学定位等重大问题上的决策会影响学校的社会声誉。我以“言传身教的引领者”为目标，通过自身的努力，树立标杆，帮助师生成长、成才，促进学校全面、可持续发展。

一、言传学生，胸怀天下

随着国际交流的日益频繁，个人的行为举止处处体现国家民族的风貌，而良好的国民素质和国际情怀既不是一朝一夕能达成的，也不是学生成长的某个阶段能解决的，它需要在常规的教育中长期坚持。

于是，“学为君子，兼善天下”成为我的育人目标，“培育现代君子”成为办学理念。我们应培养具备传统君子优秀风范，同时又能与时俱进的学子——他们具备温文尔雅、坦荡豁达、以义统利、天下为任、学术并重、知行合一、开放合作及自强不息的品格，彰显情怀高尚及勇于担当的价值追求。

因此，在二师附中任职时，我就要求学生入学半年内在教师的指导下制订三年学习规划；在制订学习规划的基础上，学生还会被要求制订自己的人生规划。三年规划是人生规划的重要组成部分，尽管会有细节的调整和变化，但总的方向基本保持一致。此外，在三年学习期间，学校会定期跟踪学生学习规划和人生规划的落实程度。最重要的是，无论是学习规划还是人生规划，都应将科学精神与人文精神和谐统一。

我们应尊重每个学生的爱好，我对学生说：“我们的课程管理要求每个学生入校后都必须参加一个社团活动，作为必修学分。”为尽可能搭建足够的学习平台，学校组建了课程发展建设小组，以推进校本课程开发，逐步构建由“人文素养”“科学精神”“创新能力”与“国际视野”四大板块构成的校本课程体系。

其中，最卓有成效的是“美丽人生”系列特色课程。课程以培养学生良好的审美情趣和人文素养为目标，以艺术教育为核心，以礼艺教育、心灵教育、科学教育、人文教育、人生教育及国际视野教育为拓展，以美化德，以美启智，以美育体，引领学生具备君子品格，规划美丽未来，成为现代君子，塑造美丽人生，为建设美丽中国奠定坚实的人格底座和深厚的人文根基。

在这一思想的引领下，二师附中培养了一批批具有笃志、博学、知礼、重义、仁爱和向善等君子气质的学生，使诚信、公正、负责和担当的君子文化渗透在师生的血液里。学生很感谢在人生关键的三年里有一位这样的校长为他们掌舵、把控方向、激发潜能，也很喜欢这位处处为学生着想、以人为本的校长。

在潮阳一中时，一名女生在高考开考时突然紧张到手痉挛，双手握拳颤抖，根本无法进行考试。作为主考的我在得知情况后，立即通知心理咨询室的老师对其进行疏导，最终这名学生顺利完成考试。现在她还与我保持着联系，每年教师节都会发来祝福的短信，感谢校长在她人生关键时刻对她的帮助。

1999 年 9 月，台湾南投大地震，潮汕地区震感强烈。地震发生时，我刚从学校回家不久，我顾不上照顾家人，在年幼的女儿的哭声中，骑车迅速赶回学校，指挥师生快速撤离，我的从容镇定深深地感染了师生，整个校园秩序井然。多年后，同事和学生们还常常说起那晚的事，回忆起那时的情形。

二、身体力行，成就教师

(一)重视教师专业化的培训与提升

一所学校的发展离不开优秀的教师团队，教师团队需要不断学习、不断充电才能保证适应知识的更新换代，所以我非常愿意也非常重视在教师培训上下功夫。二师附中在我的带领下摸索形成了一套行之有效的培训体系——“分层分类”培训覆盖全员。新任教师执行岗前适应性培训，在职教师执行岗位培训，骨干教师执行提高培训，紧缺学科教师培训执行“加急”制度。同时，执行高层次学历培养机制，有计划地选派优秀教师攻读与专业岗位密切相关的高层次学位。与此同时，还设立名师、学科带头人培养机制，为有潜力、有能力的教师进入更高的发展层次提供机会。教师在适合自己的培训体系里迅速成长，教师的迅速成长也带动了学校的发展，二师附中能在短时间内从一所薄弱学校迅速成长为广东省国家级示范性高中正是得益于完善的教师培训体系。

图 6-9　番禺区政府张力仁副区长(左)为胡展航校长工作室授牌

(二)坚持深入教学一线，引领教师专业发展

作为校长的我以身作则，从集体备课、说课、评课、小组学习、学法指导、教学思想等各个环节悉心指导，坚持为教师上课堂教学改革示范课，始终重视对青年教师的指导工作。在这一思想的带领下，一批批老师成为区域的学科带头人或在重要岗位担任职务。在潮阳一中时，我和团队一起培养了三位“南粤优秀教师”，三位“第一批汕头市骨干教师”

和一大批“潮阳优秀教师”。其中，我手把手指导的数学科刘振传老师已经成为学校教务处副主任、数学组教研组长、中学数学高级教师、汕头数学教研中心组成员。调任二师附中后，我手把手地指导了一批青年教师，效果显著，他们中有的已成为广东省数学骨干教师、学校工会副主席，有的已成为学校教导处副主任，有的成长为出色的教学级长、广东省数学骨干教师培养对象，有些教师的教学逐步形成了自己的风格。我现在在广东番禺中学引领教师专业发展，培养了一批广州市骨干教师，两名广州市中学名教师工作室主持人，一名广东省特级教师和一名正高级教师。

(三)为年轻教师制订成长计划，搭建成长平台

在二师附中时，学校建设长效机制，健全教师职业道德考核奖惩体系，建立学校、教师、家长和学生四位一体的教师职业道德评价机制，帮助教师有效对自己的教学做出诊断和评价，诊断后又为他们提供明确的帮助，培养思路、指导措施，以实现教师的快速成长。通过课题研究、名校长工作室、名师工作室等形式为教师提供专业发展的平台，让教师在学习共同体中成长。

(四)关心教师思想、工作和生活，为教师排忧解难

在潮阳一中时，有一名家境困难的教师遭遇了车祸，作为校长，我第一时间伸出援手，看望慰问，送去温暖。妇女节时，我会为每位女老师送上鲜花，表达节日的慰问，很多女老师都很开心，说“还是第一次收到校长送来的花”“今年的妇女节好开心，有校长送花送祝福”。我还带领团队为每一位退休教师举办简单而又隆重的仪式，亲手送上鲜花和贺卡。教师在学校感受到了温暖，有了归属感，自然会把学校当自己的家，默默耕耘、无私奉献。

三、家校联动，双剑合璧

积极与家长、与社会进行良好互动，既能帮助家长更好地了解教育，又能扩大学校在社会上的影响力。因此每次家长会我都会到场，与家长面对面，解决家长疑惑，传递教育理念，引导家长如何更好地与孩子相处。

在我的大力推动和组织下，二师附中的每个年级都成立了家长委员会，学校的颁奖会、总结会、年级的教育教学活动及有关年级重要决定的会议均邀请家长委员会的成员参加。请家长参与学校、年级和班级的活动及会议至少有两大益处：一是得到家长支持，让家长参与到学校事务中来，能提升家长对学校发展的热情，能提高家长对教育的认识；二是家长来自各行各业，能从各种角度提供解决问题的办法以及实用的意见和建议。

调任广东番禺中学后，我也努力在拓展家校沟通渠道上下功夫。在学校、年级和班级均有健全的家长委员会架构，并能有序运作。这样，家校合作由原来的仅仅参与学校教育事务的表层合作逐步向参与学校管理事务的深度合作推进。

为了让学校、家长和社区三者之间的互动变得更加深入、密切，我在广东番禺中学组建了社区人员和家长观摩团，观摩团由 4 位社区人员和 17 位家长代表组成。观摩团成员可随时入堂听课、入校参观，参与评教活动，为学校的各项发展战略献计献策，辅助学校广泛地收集家长意见，为学校提供更多帮助学生健康成长的社会资源。成立社区观摩团，借助社会与家长的力量参与到学校的管理中，一方面解决了学校的一些困难，另一方面也提升了家长对教育的认识。观摩团的成员说道：“了解了学校的各项措施后，我对孩子在学校的生活更放心了。”

随着学校办学质量的不断提升，也吸引了不少兄弟学校前来观摩学习。例如，福建省区县教育局长考察团、郁南西江中学、湛江市第二中学、东莞市万江中学、广东云浮中学、云浮市新兴县华侨中学、清远连州中学、增城市中新中学、广州市花都区园玄中学、海丰林伟华中学等单位近三百位领导、教师前来二师附中观摩、交流，学习教改经验；郁南西江中学、汕头龙湖附中还派出各个学科教师到二师附中进行短期的跟岗学习活动；广东省第二师范学院肖建彬校长、龚孝华处长、吴惟粤主任，市区教育局屈哨兵局长、冯润胜局长等领导和专家先后莅临学校调研、指导，对学校开展的课堂教学改革给予了高度评价，学校美誉度不断提升。教学改革达到预期目标，取得阶段性胜利。

四、追求卓越，臻于至善

(一)文化提升

如何加强校园文化建设，促使学校往内涵式、跨越式方向发展，从而达到提升学校办学品位的目的，往往是每所学校的办学者需认真思考并执着追求的。在二师附中任职期间，我一直对真教育有不懈追求，注重儒家传统文化与现代精神的结合，提出了“学为君子，兼善天下”的校训，传承了儒家文化和本土文化传统，形成了“崇尚君子”的文化传统，明确了“培育现代君子”的办学理念。由于改制时间不长，我提出学校新的办学理念和文化精神需要承托于学校物态文化建设，因此特别强调要以环境建设承载学校育人价值主张，并通过物态文化落实行为文化，搭建师生成长平台，增强学校管理工作的实效性，实现“传统与现代交融，平实与高雅共赏”的办学愿景。一方面，建设“现代君子”物态文化，凸显学校育人特色。建设君子文化意象景观——四君子园，即淑兰苑、清竹坊、傲梅园、淡菊坛；开放校史馆、图书馆；开展系列文化讲座或师生文化沙龙；开设师生作品长廊展示师生的书画、美文和各类创意设计。另一方面，落实“现代君子”行为文化，搭建师生成长平台。例如，建设荟君轩教师幸福中心，开展教师君子文化活动；以学生为主体，构建德才并举的德育生活；等等。

到广东番禺中学任职后，我着力弘扬正能量，打造学校文化，进行了一系列文化改革。如先后邀请广州大学环境科学与工程学院陈迪云教授、广东以色列理工学院诺姆·索克教授等知名学者到校为全校师生作专题讲座，提升了学校的学术氛围，开拓了师生的视野，让学生感受到知识的魅力。而在广东番禺中学男子篮球队过关斩将夺得2018年广州市高中联赛冠军后，我在全校范围内对他们进行了表彰，弘扬篮球文化的同时也很好地对学生进行了一次爱校教育、自信教育，以期用类似的活动让学生对学校有认同感，以学校为傲，对自己充满自信，相信自己在广东番禺中学这个平台上通过努力就能获得成功。

图 6-10 胡展航校长为载誉归来的广东番禺中学男子篮球队颁奖

(二)制度变革

随着学校的发展和教育的变革，某些原有的制度不再适合学校这个阶段的发展需求了。制度改革，迫在眉睫。但在颁布任何制度或方案前，我和领导班子都会反复掂量、反复考虑，尽可能全面地征求各个群体的意见，权衡各方利益，绝不草率、轻易颁布任何一项制度或方案。例如，《广东番禺中学教师质量优胜奖评选方案》《广东番禺中学优秀教师评选方案》草案出来后先后征求校长室、党政联席会议、教代会、科组长、备课组长、工会组长等群体的意见，进行反复修改、反复斟酌、反复模拟，历时半年方案已经修改到第七版了。在任何方案颁布之前，都要谨慎细致，全面征求，反复磋商。但方案一旦定稿，就需认真、坚决地执行，只有这样，才能更好地维护方案的权威性。这让老师既有提建议的渠道，又有权威的方案作为教学工作的标准。例如，为适应新时期的教育要求，我敏锐地提出《广东番禺中学创新人才培养机制研究方案》，旨在整合校内外资源，推动研究性学习、社会实践、选修课程、校本课程等资源开发，优化教师专业结构，优化课堂教学，构建多维度学生综合素质评价框架，科学指导学生进行生涯规划，建立和灵活运用创新教育评价体系。通过高中三年的创新教育建设，以培养高中学生所应具备的中国学生发展核心素养为目的，为每位学生全面而有个性的发展提供条件，帮助每位学生形成可持续发展的能力。

我对教育改革投入了极大的热情，但行事却是十分谨慎的。每一项变革前，我都坚持深入调研，认真思考，周密谋划，摒弃“做小白鼠”“交学费”的态度。但是，做出决策之后，我就是执着的推进者，会带领一班人坚定不移地开展教育教学改革，克服重重阻力勇往直前。所以番禺区委常委组织部长霍阳同志到广东番禺中学检查工作后，对我的评价就是“勇于作为，敢于担当”。

(三)硬件建设

一所学校的硬件水平很大程度上影响了工作的效率。刚到广东番禺中学时，我发现学校高科技、信息化水平不够。在我的倡议下，广东番禺中学开始打造具有较高水平的“创新实验室”，如“3D 打印”“创客实验室”“机器人实验室”“编程实验室”“多媒体科技创新实验室”“VR 实验室”等，学生在学校这个平台上开拓了眼界，亲身感受了前沿科技，对他们的学习、专业选择都有正面影响。为提高教师的工作效率，我们需要提升学校信息化水平，打造广东番禺中学教学资源库，通过资源的整合和充实使教师们共享，更符合校情，更贴合实际。而一个课件、一份试题可以在资源库里反复打磨，精益求精，优中选优，有了这样的资源库，必定会使教师们备课更轻松、更高效。

图 6-11　胡展航校长向番禺区陈德俊区长、番禺区政协冯润胜副主席介绍广东番禺中学建设情况

图 6-12　番禺区人大代表到广东番禺中学开展调研工作

(四)高考适应性改革

随着高考改革，广东省 2018 级高一新生将不再进行传统的文理分科，而是除必考的语文、数学、英语外，另外从六门科目(物理、化学、生物、政治、历史、地理)中任选三门作为高考科目。高考的重大改革是机遇，也是挑战，我们顺应改革需求在招生上求突破。2018 年广东番禺中学第一次面向初中毕业生招收美术特长生，以期在重点美术院校的录取中有所突破；学校为他们量身打造了优才培养计划，包括大学名师授课、海外留学、参观一流大学、跟岗大学重点实验室等。优才培养计划吸引了大批优秀初中毕业生，为三年后的高考打下了良好的基础。

应对新高考，除了在招生上下功夫，学校在人员配置上也做出了调整，不仅是高三老师研究高考，还抽调学校最顶尖的老师专门组建了高考改革研究小组。从教学策略、德育环境、主题活动、科目选择等方面进行专题研讨，让研究小组的成员把新高考方案吃透，得到最佳方案，帮助学生更好地做出选择，在新高考中获得成功，帮助学校在新一轮高考改革中实现弯道超车。

改革需要敏锐的洞察力，适应时代发展的需求；改革需要通盘考虑的统筹力，谨慎细致，决不草率从事；改革需要无畏的魄力，遇到阻碍时，敢于坚持，遇到不适应时，敢于改变。改革考验着校长的智慧与胆识，我要坚定信念、坚持大刀阔斧、引领改革的勇气和决心，带领一所所学校、一批批师生走向成功，走向辉煌。

后　记

时光的脚步刚刚跨入2020年，人们还在尽情享受着大自然赐予的最美好的春光，不料新冠肺炎病毒从天而降，将整个中华大地笼罩在阴影里……此时，正是书稿即将付梓之际，除了窗外鸟雀的欢闹声，大地一片沉寂，小区里少了平日的喧嚣，多了焦虑和不安——居家隔离，学生不能正常返校，教师开展“线上教育”。新年伊始，我本该思考一下开学季集团化办学的有关工作，现在看来只能临时改变计划，迎接“线上教育”的新挑战。

是挑战也是机遇。正如我新接手一所学校一样，首先要学会适应，新情况的出现要我们评估和权衡事物发展进程中的利弊。我想，既然疫情为教育涂上了一抹悲壮的色彩，那么我们就顺势而为，用互联网描绘出一幅高入云端的绚烂图画。教师短时间内熟练使用网络平台，学生配齐视听设备，视频会议、多方动员，师生家校默契配合，忙乱中架起无缝对接的“空中走廊”。

两个月“线上教育”的有效性是我时刻关注的中心问题。和学校教育相比，线上教育如何突出一个“实”字？居家学习，缺乏有效监管，电子产品充斥，一些学习习惯较差和自控力较弱的学生能否保持在线，作业能否有效落实；教师如何把握教学效果，减轻学生负担；如何评价学生发展，培养健康心理等一系列的问题，都促使我们重新审视和思考学校教育中需要发挥的长处和弥补的短板。例如，居家线上学习存在的问题多少存在于学校教育中，网上学习的资源整合于课堂教学的改革可能更有意义，等等。

正如习近平总书记多次指出的那样，当今世界正经历百年未有之大变局。疫情的发展要求教育智慧地寻找良机，应对新的挑战。“激水之疾，至于漂石者，势也。”办教育唯有顺势而为，借势而进，方能造势而起，乘势而上。当前，国家正在推行治理体系和治理能力的现代化，我近几年也始终坚持现代学校制度建设研究。教育要与时俱进，创新发展，现代制度建设始终要走在前列，一以贯之。

阴霾总会驱散，校园已焕发蓬勃生机，孩子们绽放灿烂容颜已为时不远！撰写此书时，有感于疫情给教育带来的巨大冲击，长期以来蕴蓄心中的一些观点、看法、感想如今又有了新认识、新思考，这无疑给我以后的办学增添了一份沉甸甸的启示。

毋庸赘述，限于水平和精力，书中难免舛误与肤浅，请读者原谅并批评指正。文稿修改期间，负责“广州好教育”系列丛书编审工作的各位专家和同人不厌其烦，多方指正，在此真诚致谢！

胡展航

2020 年 4 月